谭雅玲 锐评

谭雅玲 / 著

人民币短期与长期升值应如何看待？

知识产权出版社

图书在版编目（CIP）数据

谭雅玲锐评. 人民币短期与长期升值应如何看待？/谭雅玲著. —北京：知识产权出版社，2018.6
ISBN 978-7-5130-5629-8

Ⅰ.①谭… Ⅱ.①谭… Ⅲ.①人民币汇率—货币升值—文集 Ⅳ.①F0

中国版本图书馆 CIP 数据核字（2018）第 129029 号

内容提要

本书针对人民币升值周期太长、幅度太大，并且市场存在喜欢人民币升值恐慌人民币贬值的错误心理及对人民币升值认为有利于人民币国际化等错误认识的情况下，通过系统论证，评论了人民币短期和长期升值对我国外贸影响明显，未来人民币升值打压外贸是难以避免的。指出汇率的决定因素是规划和策略，并不是价格决定方向，而是策略设计决定价格，主见者会充分利用环境和舆论推进价格的诉求。而我国正在追求中国速度转向中国质量、中国制造转向中国创造、中国产品转向中品牌，这些转变都需要人民币贬值保驾护航。

责任编辑：蔡 虹　　　　　　　　责任印制：刘译文
封面设计：柏拉图创意机构

谭雅玲锐评 人民币短期与长期升值应如何看待？

谭雅玲　著

出版发行：	知识产权出版社有限责任公司	网　　址：	http://www.ipph.cn
社　　址：	北京市海淀区气象路 50 号院	邮　　编：	100081
责编电话：	010-82000860 转 8324	责编邮箱：	caihong@cnipr.com
发行电话：	010-82000860 转 8101/8102	发行传真：	010-82000893/82005070/82000270
印　　刷：	三河市国英印务有限公司	经　　销：	各大网上书店、新华书店及相关专业书店
开　　本：	880mm×1230mm　1/32	印　　张：	7.25
版　　次：	2018 年 6 月第 1 版	印　　次：	2018 年 6 月第 1 次印刷
字　　数：	170 千字	定　　价：	39.00 元
ISBN 978-7-5130-5629-8			

出版权专有　侵权必究
如有印装质量问题，本社负责调换。

❋自序❋

本套书的书名是对我多年研究根底、特性以及成果的一种肯定，更是对我研究经历的高度概括。我不是套路、格式化的研究，而是自我坚持真理、发现和发掘性的研究，敢言真话和客观卓见是我的事业和在职场的目标与追求；不追逐浪潮，不随大流，有自己的主见，真实和深入的研究；更不是照本宣科，套用固化、僵化的模式和方法，而是有自己主见观点的提炼、犀利评论的侧重，尤其是独树一帜、具有前沿性的引领与发掘。正是我的这种个性和风格使我在研究领域收获颇多，常新不衰。回顾与总结自己的研究，尤其是在本套书中，更是集中展现了我真知灼见的个性，这突出体现在下面几个经典论断中。

第一句话：美元处于贬值周期，并非是升值的趋势。基于个人对汇率长期跟踪研究的经历与经验，记忆深刻的是某机构对美元升值的判断报告被我执笔的评估否定，最终被验证我的评估是正确的，并得到时任总理的认可。对

谭/雅/玲/锐/评
人民币短期与长期升值应如何看待？

美元观察的长期性与透彻力是我的特色与优势，进而在全球预测美元升值时，我依然坚定地认为美元贬值。因此，我被赞誉和评选为金融领域卓有贡献的专家，被美誉为"铿锵玫瑰"。

第二句话：这场金融风暴之后（指2007—2008年所谓的华尔街金融危机），美国只会受轻伤、欧洲将受重伤、中国将受内伤……。这句话被广泛引用与重视，最终实际结果与我的预期吻合，经历过金融风暴洗礼的美国经济率先复苏，美元霸权全面回归；反观欧元区与我国受到较大的冲击，并不轻松，结果与我的预见相吻合。

第三句话：世界基本格局未变，美国和发达国家具有实力与势力，发展中国家和我国具有规模与速度，比较差异较大，基本资质难有改变。这是针对2010年前后市场舆论渲染世界经济格局巨变，美国及发达国家已经不行、发展中国家和我国很行的论调，我依然坚持世界经济格局基本未变，发达国家与发展中国家资质与地位没有根本性改变，最终也被验证是正确的。我国"十二五"的脱实向虚是一个教训，"十三五"的脱虚向实是一个定义准确的理性新时代。

第四句话：房子是用来住的，不是用来炒的。这是2014年我接受新华社受中央指令对我本人进行"十三五"国民发展纲要的专访时说的，当时的热点就是房地产的定位、定义与方向。根据自己的潜心研究，我提出"房子是用来住的，不是用来炒的"的独立见解，并得到中央的采纳与认可。

第五句话：投资懂得是收益率，不懂是风险率。根据2015年前后的投资热，我特别提示投资的专业性、长期性和组合性，提示市场投资的理性与规划。

第六句话：价格是由价值决定的，价值决定价格。这是针对市场以短期价格指标权衡资产配置与选项的偏激做法提出的建言，提示市场注重价格与价值的关联顺序，倡导专业投资循环，不顺应简单化、短期化和舆论化的导向。

回顾这几十年的研究经历，时代给予的机会很多，市场氛围的促进作用很大，主观思考的积极进取成就未来。

国际金融研究突出美元焦点，也是金融市场的重点，更是我研究生涯的优势所在。我的研究发现——这是因为美元货币地位非常独特，一方面其是全球货币制度的主体。美元一只独霸体现在其具有全球定价货币的功能，它是全球报价货币的工具，无论在全球外汇储备体系中、国际金融市场结构中，包括结算货币、交易货币、融资货币、投资货币等各个方面，美元覆盖范围在60%~80%的范围凸显美元地位的特性，权力性货币的特权独一无二。

谭/雅/玲/锐/评
人民币短期与长期升值应如何看待？

另一方面是其具有垄断全球金融与商品资源影响的唯一货币。除金融资产的报价与定价之外，美元权力性货币的特权更直接垄断全球的所有价格，无论石油、黄金、农产品等均脱离不开美元因素与环节。国际金融市场的竞争与动荡直接引起或发生国际金融体系更大的变动与调整。美元霸权的鼎盛时期显示出市场分化加大、基础要素不足扩大、战略取向资质严重分裂，尤其是市场主导力量将愈加倾斜，不利经济均衡发展与金融市场风险控制。其一是市场垄断性突出。无论从舆论到价格、从制度到技术的美元因素凸显、美国经济图利、美元战略发威；美元对己的保护、对他的排斥，进而实际上整个市场受到的伤害都在加大。值得思考的教训要着重于自身发展的实际需要和真实状况，而非简单化的国际舆论的指引或操作。自己的发展需求是价格发现的关键，而非简单化的指标追逐或接受。其二是技术成熟策略明显。其实美元当今运用的策略是最初级和最简单的原则，即货币升值削弱竞争力、货币贬值增强竞争力。此阶段的美元贬值是维护美国经济利益的需要，也是化解结构性压力的必需。国际金融市场的成熟性来自实践经历以及国家战略目标。分析与评估金融市场的基点和操作来自重要的观察，但实际能力与水平的差异必须面对，尤其是需要各自特色的方法与对策，而非全球一致，这样的结果有利于主见性的操作，不利于缺少市场原

自 序

则与基础的方法的操作。其三是战略目标的长远性差异。如何评价与预期金融市场十分重要的前提是自我的主张与见解，尤其是在竞争激烈和形势复杂之下，战略性的宗旨与方向更加必要。大国利益与战略是长远运作，非短期、局部，识别力与判断力为市场关键因素所在。

我国人民币自由兑换的战略步骤正在紧锣密鼓地实施，其基点依然应为实体经济的逐渐强大和金融市场的进一步健全。人民币国际化是我国货币追求的目标，但是与国际经验比较似乎有所欠妥，尤其是面对美元霸权进一步强化时期，其势力范围的扩张与金融市场的扩大前所未有，我们并不应该针对其攻击目标设计语言与方案，而应从自己的实际需要考虑切入路径与方法。因为我国目前定义的人民币国际化与美元正在实施的全球化是矛盾和对立的，而实际上我们最终追求的货币目标就是货币的自由兑换与货币储备地位的认可，所以没有必要高喊人民币国际化，而应具体化人民币自由兑换路径和国际储备地位资格足矣。货币自由化的基本路径应为先本土后海外、先在岸后离岸、先国内后国际这一基本流程。我们应强化自由化进程的设计，加强基础工程要素的配置，以我国特色对接国际市场，并非以国际需求引入我国市场。

谭雅玲
2018 年 5 月

目 录

第一章 01 人民币汇率变化取决于内生还是外延？

更多外贸企业干的是一种急功近利的投机套利与对冲补损，排队购汇的风潮反映出定力不足、盲从性很大，人为因素的紧张不利于价格正常调整。国际环境本身的阶段加罪我国严重，而我们又不恰当评估自己的位置与能力，人民币本身没有找到价格和价值之间的关联，很难找出均衡汇率点，这在一定程度上会误导人民币汇率方向。

人民币汇率变化取决于内生还是外延？　//3

人民币汇率改革的严峻局面——内忧外患　//20

货币政策强势与汇率改革压力　//40

汇率的作用是为贸易保驾护航　//51

02 第二章 汇率博弈的道与术在哪？

汇率的决定因素是规划和策略，并不是价格决定方向，而是策略设计决定价格，进而主见者会充分利用环境和舆论推进价格的诉求，并非是看价行事，而是划价谋略。

汇率博弈的战略长远与技术娴熟　　//71

关于汇率的风险识别的缺失及对策思考　　//79

美元汇率调整的新环境与新策略　　//95

美元之作与人民币之痛的经验教训　　//101

目录

03 第三章 货币博弈的激烈性在哪？

外汇市场走势的超乎预料在于美国舆论与政策主张的调动性，乃至刻意的有目标的针对性，进而扩大美元贬值导致其他甚至所有货币的不利局面严重。尤其是三大货币载体的央行例会同期，但同步性凸显分歧与分化，未来汇率价格的博弈将进入白热化阶段，各自汇率风险是重点。

货币博弈尖锐　趋势把握明晰　///119

美欧债务本质有差别实质为竞争　///124

美元的前因后果与前瞻远见之思考　///131

日元贬值的内需外力　///140

美元贬值有利于自身利益收获不利外部风险控制　///147

第四章 人民币短期与长期升值应如何看待?

此轮人民币升值,人民币汇率变动对我国外贸影响明显,未来人民币升值打压外贸是难以避免的。更何况我国正在追求中国速度转向中国质量、中国制造转向中国创造、中国产品转向中国品牌,这些转变都需要人民币贬值保驾护航。

该如何看待人民币短期与长期升值? //167

正确看待人民币升值效应,未来还会继续升值吗? //171

外汇储备增长与人民币升值效应的联动与风险 //176

不要再让人民币受情绪化主导升值 //186

还在为人民币升值欢欣鼓舞? //191

人民币升值道理不足且贬值基础明显 //196

第一章 人民币汇率变化取决于内生还是外延？

更多外贸企业干的是一种急功近利的投机套利与对冲补损，排队购汇的风潮反映出定力不足、盲从性很大，人为因素的紧张不利于价格正常调整。国际环境本身的阶段加罪我国严重，而我们又不恰当评估自己的位置与能力，人民币本身没有找到价格和价值之间的关联，很难找出均衡汇率点，这在一定程度上会误导人民币汇率方向。

人民币汇率变化取决于内生还是外延？

(2015年8月18日)

> 更多外贸企业干的是一种急功近利的投机套利与对冲补损，排队购汇的风潮反映出定力不足、盲从性很大，人为因素的紧张不利于价格正常调整。国际环境本身的阶段加罪我国严重，而我们又不恰当评估自己的位置与能力，人民币本身没有找到价格和价值之间的关联，很难找出均衡汇率点，这在一定程度上会误导人民币汇率方向。

伴随我国人民币中间价水平，尤其是对报价机制参数改革措施的热烈关注，近期媒体、社会、机构与百姓的舆论导

谭/雅/玲/锐/评
人民币短期与长期升值应如何看待?

向升温,并且偏离专业,极端化的评论错觉改革要点与本质。期间,笔者也参加诸多这种论坛、节目和采访,总体感觉有点乱,专业认识及实际需要背离主业与本职较为严重,基本的印象与感觉有三点。

第一,对我国现行汇率制度与市场的理解与认识有误,包括专家的理解严重不足,舆论的误导与错误较明显;

第二,短期偏见过度,缺少对专业与长期概念的理解力与执行力,甚至搅乱基本概念与定义,盲目性极端和风险扩大严重;

第三,过于乐观的评论依然明显,准备不足与能力不足十分严重,远期风险与短期选择加剧了未来危机隐患。

而从目前我国人民币汇率角度观察,此次改变的背景与原因及改革的初衷并非舆论感觉,反之错乱汇率机制和政策目标严重。

第一,我们此次人民币汇率的变动是指人民币兑美元汇率的下调和下降,并非是人民币贬值或人民币进入贬值的通道。因为我国汇率机制多以人民币钉住美元为主,但兑其他货币汇率依然是升值态势,进而最新的国际清算银行的统计数据显示,人民币实际有效汇率依然为升值1.6%,也就是说,人民币兑美元汇率贬值,但人民币兑其他货币依然升值。我们此次汇率调整局限在人民币兑美元汇率的报价机制的参数改变，即以银行间中间价为参数，非简单的离岸市场参数，进而将重点转向国内，这完全符合我国汇率实际需要与市场基本面指引。

第二，我们此次人民币汇率的变动更多是意向性的调整，并非是大幅度的调整。人民币价格连续三天下降4.66%的幅度不是央行的政策宗旨，因为的我们的报价群体——做市商的恐慌和社会民众的偏激刺激价格下跌加剧，推波助澜的市场结果是形成这种局面的主因，并非是央行下调的目标。人民币中间价的形成是做市商的作为结果，并非简答化的央行行为。央行对中间价参数的调整是适合我们经济需要的决定，但市场并非考量经济，反之关注投资收益和投机预期，进而对人民币中间价推波助澜加剧下跌。目前我们对自己汇率机制的循环依然存在盲点，理解不足与改革不清严重影响判断角度与理性评估，甚至会产生市场与政策的对立乃至矛盾。人民币兑美元汇率中间价的形成方式是：我国外汇交易中心于每日银行间外汇市场开盘前向所有银行间外汇市场做市商询价，并将全部做市商报价作为人民币对美元汇率中间价的计算样本，去掉最高和最低报价后将剩余做市商报价加权平均，得到当日人民币兑美元汇率中间价，权重由中国外汇交易中心根据报价方在银行间外汇市场的交易量及报价情况等指标综合确定。人民币兑欧元、日元和港币汇率中间价由中国外汇交易中心分别根据当日人民币兑美元汇率中间价与上

谭/雅/玲/锐/评
人民币短期与长期升值应如何看待？

午9时国际外汇市场欧元、日元和港币对美元汇率套算确定。我们必须透彻理解才会有很好的执行力。

第三，我们此次人民币汇率的变动是顺应国际环境的对策，并不是货币竞相贬值的主导或引导，舆论强加于我们的论调偏离事实。下面这些数据告诉我们，货币贬值国际趋势的先后顺序，尤其不是我国货币贬值在先，不是人民币贬值引领。在过去的12个月内，新台币和韩元分别贬值8%和17%，马来西亚林吉特兑美元汇率则下跌了28%，印尼盾下跌了18%，新加坡元和泰铢兑美元的跌幅也分别达到12%和10%。根据最新统计：5月至今，哥伦比亚比索对美元已累计跌逾12%，智利比索对美元汇率重回2008年金融危机以来的最低水平，印尼卢比跌至20年以来最低点，巴西雷亚尔创下12年来新低，俄罗斯卢布也重跌到今年2月的水平。中东欧货币中哈萨克斯坦在放弃对汇率的管制之后，货币坚戈暴跌23%，土库曼斯坦马纳特1月份大幅贬值了19%，塔吉克斯坦索莫尼贬值10%~20%，亚美尼亚德拉姆12个月已经贬值了15%。非洲地区的埃及镑贬值22%，尼日利亚奈拉贬值20%。纵观全球市场，美元升值引发的效应是主导，全世界与美元挂钩的货币体占绝大多数，在美元霸权进一步加强的状态下，美元汇率的作用是核心，美元升值所导致的全球货币贬值是关键，非人民币所为。

基于上述状况，笔者从长时期研究、跟踪及实际操作经

第一章 人民币汇率变化取决于内生还是外延？

历与实践角度看，对此次人民币变动评估有三点体会与提示。

1. 人民币变动的基本宗旨与积极因素凸显

首先，这次调整的主动性凸显。我们需要清晰的事态是我国央行主动做主人民币价格，积极提升国内机制与机构的报价与应价能力，扭转市场价格扭曲现象和倒挂风险、即期与远期主次错位、国内与海外结构错觉、现货与期货预期错位。因此，央行此次的改革措施是强化国内现有人民币报价机制，即银行间外汇市场的报价机制，从过去偏激参考离岸市场和远期市场转向以国内银行间市场、即期和现货价格为主的参数，强调以上日银行间市场报价为参数的取向与选择，这似乎更清醒到价格脱离本土的事实与经历，监管与职责机构想明白的举措应该是一个政策的进步与决策的明智。这种自我发现与认知值得庆贺，所以市场感到震撼。我国货币监管的成熟性逐渐加强，从去年的双边走势引导，到今天的改变报价机制的参数，这些都是积极调控的央行政策措施，保护实体经济的宗旨十分明确。

其次，这次调整的结构性明显。我们需要梳理清楚的是央行的行为是一种政策推进和行为促进，并非是价格下跌如此简单，更难以形成人民币贬值论据。一方面，央行的汇率管理是职责，并为操纵贬值，因为我们过去央行定价，汇率改革之后叫撮合制，央行是通过做市商的报价相加相除得出中间价水平。当然在现有体制下，我们的结构与系统依然可

谭/雅/玲/锐/评

人民币短期与长期升值应如何看待？

以通过央行的行政指令指引与指导市场。汇率有管理并不错，只是我们的管理应该更加体现供求与实体经济，并非是短期舆论或短期预期，未来需要进一步历练和成熟起来。另一方面，人民币汇率改革之后的茫然在于是自己的价格，还是美元的价格，或是组合价格。其实至今的人民币汇率依然盯住美元，此次改变的是人民币兑美元的报价幅度，并不是组合货币报价汇率。因此，人民币相对美元贬值，但相对其他货币并未贬值，进而国际清算银行最新发布的数据显示人民币依然是升值态势。据国际清算银行（BIS）网站8月17日公布的数据，该行2015年7月有效汇率指数，当月人民币名义有效汇率指数（NEER）环比上涨1.20%，连续两个月走高。人民币指数为127.46点，这回到1994年1月有数据记录以来最高当月人民币实际有效汇率指数（REER）环比上涨1.61%，连续二次上涨，为132.13点，这也回到1994年1月有数据记录以来最高。据国际清算银行（BIS）网站资料显示，该行有效汇率指数所使用贸易权重基于2008—2010年的贸易数据，指数基期为2010年（每月月中发布最新数据）。所以我们如何真实与有效地论证对后市的认知与预测十分重要。

最后，这次调整的应对性适宜。我们主动应对国际环境可能的变化风险，尤其是面对新兴市场国家和地区的货币贬值态势，我们顺应调整、主动减压、提前防范姿态积极，加之美联储的货币政策焦点敏感,利率动向不确定而且较大,因此,我们的汇率调整更显提前、主动和积极状态。目前美联储加息预期是焦点,新兴市场货币贬值的速度加快,依据以往的教训与风险,我们积极应对意识、政策成熟性明显,主动应对美联储和美元的潜在变数,顺应发展中国家和新兴市场国家及地区货币调节的周期与节奏,主动防控风险的调解意识凸显货币政策的进步与成长乃至成熟。近期国际金融市场环境越来越复杂,美联储搅动的全球利率与汇率焦点凸显,美国经济与美元利率的敏感突出,美元汇率的调整十分不确定,进而产生新兴市场主要货币贬值加剧,国际资本流动波动加大,这一复杂局面形成对我国政策与市场的新挑战与新风险。当前我国已高度融入全球经济,新兴市场经济体货币对美元普遍有所贬值,而人民币保持相对稳定,这给我国出口带来压力。加之我国货物贸易继续保持较大顺差,人民币实际有效汇率相对于全球多种货币表现较强,与全球步调偏离。因此,我国根据市场发展的需要,主动完善人民币汇率中间价报价要素与重点,及时防控可能外围压力,这凸显我国人民币国际化能力的提高及对接水平的娴熟。

2. 汇率风险的思考角度与行为方式警示

伴随我国经济进程的人民币汇率杠杆作用,我们已经走过的经历告知错误存在,我们必须学会总结教训才会取得更大的进步与发展。纵观汇改至今,汇率问题依然有许多问题

谭/雅/玲/锐/评

人民币短期与长期升值应如何看待？

并未从根本上得到解决。细想此次汇率结构与幅度的调整带来的较大恐慌与问题，笔者深切地感悟到必须理清许多问题。

第一，汇改的制度健全紧迫，技术实践与普及急切，市场开放与顺序紧急。最大的问题在于期待人民币的前景与使用汇率技能的基础分化与脱节。自从汇改以来，我们一直未能有效搭建自己货币原则的制度框架，即参考一篮子货币，并非简单钉住美元。但是至今我们并没有完整的制度落实，参考一篮子货币只是一个文件宣言或一个口号使用。一方面，我们没有一篮子货币的数量与份额，进而简单化甚至是否定货币制度的措施——人民币国际结算。这一方式并没有解决贸易发展与需要，反之加剧人民币对冲套利投机，利用结算平台的贸易执照干的是贸易之外的金融业务与产品，进而包括我们当前的改革并不是最佳时机。因为实体经济思路与行为极其不正常，汇率水平的向下调整导致恐慌性，这是因为干的事情与汇率水平向上有关。所以货币贬值不仅促进不了经济实体，反之却加大了金融市场的恐慌，推波助澜人民币贬值是市场参与行为，非央行政策推进。另一方面，人民币高估自己能力严重。包括加入SDR是否清楚为啥是很重要的前提。SDR被视为国际货币基金组织的"纸黄金"功能，非货币权力，只是记账功能。我们的加入追求是扩大人民币的国际地位？市场使用？促进经济？发达市场？无论哪一条都是不完整与存在缺陷的，加入SDR还要更加努力，否则就是

第一章 人民币汇率变化取决于内生还是外延？

一种负担与包袱乃风险挑战。

第二，对现实货币体制理解有偏，资质与水平不等，地位与身份有别，能力与影响有限。当前最大的热点是美联储加息、美元升值，市场舆论是按照自己的状态与能力评估，严重忽略美元的特性与特权。如果拿美元与人民币相比是一种错误。美元是世界上最大的自由货币，更是主导货币，美元霸权体现在全世界的定价与报价货币特权，它是一只权力性货币。然而人民币不具备货币的权力，也就是说，不是自由兑换货币，更不是可储备货币。我们人民币与美元不是同等地位与资质，如果看清这一点，我们会有明确的发展目标与方法。然而，我们就是不清楚自己的身份与地位，盲目于人民币国际化，简单化人民币路径，甚至错乱人民币方法，即没有在岸匆忙离岸、没有国内完整外汇市场草率海外市场、没有强化实体经济过度海外金融投资投机。尤其是我国海外投资超出国内的舆论导向评估并不适合我国经济的当下，实体经济严重不足，金融投资投机过度之下还引导海外投资，这终将会进一步弱化与空化实体经济。我们应该引导投资偏重与侧重转移，强化对农业、农村、中小企业、民生保障体系的投资关注，注重国内实际需要才是我国经济结构性调整的关键，更是稳经济的基础与动力。目前的经济冷、金融热不仅不利于人民币自由兑换的尽快来临，反而使人民币扬帆出海面临国内巨大的缺失和缺陷，掩盖了很大的金融危机隐

谭/雅/玲/锐/评
人民币短期与长期升值应如何看待？

患，给予经济环境很大的错觉与错位。

第三，短期与长期混乱，资产与资本混谈，热钱与投资浑浊，有碍于真正的人民币进步与进展。近期伴随人民币兑美元汇率下行，热议的问题就是看好自己的钱包和资产。这里面的误区与盲点在于哪一个短期价格的变动搅乱长期价值的持有。如人民币有贬值的论调，物价有变吗？人民币毕竟是本币，并不是自由兑换货币，我们的调整是对外币的某种货币变化，并不涉及报价与定价指标，为何会讨论一个长期的问题。短期问题是一个表现，长期问题是一个实质，以短论长将会导致恐慌与震荡，以长论短将会有定力，不离不弃。所以在认知与资质不足的发展中国家或新兴市场国家会有"热钱"的概念。因为这是短期指标，甚至不是专业指标。而相对于发达经济体，他们拥有资金规模和财富规模的最大与最优，但热钱并未提及，因为市场经济定义中的资金和资产必须有管理、疏导与引导，利用合理的机制和合法的制度，促进资金有效利用，促进资金合理搭配，进而研发在先、收益在后，先投资后收益，热钱被有效使用与发挥，机制与制度的有机结合达到战略目标与目的。我们的市场经济不健全，我们货币意愿不主见，我们汇率水平就被忽悠了。

货币升值削弱竞争力。我们人民币直线升值8年，制造业受损严重，外贸打击严重。原因很简单，我国制造业遭遇前所未有的冲击，"世界工厂"地位已经越来越被印度、东

第一章 人民币汇率变化取决于内生还是外延？

南亚国家，以及墨西哥等发展中经济体所替代，我国的出口大国地位逐渐受到越南和印度等周边同等资质的国家和地区的蚕食。可以说，人民币相对长时间单边升值严重影响和削弱了我国生产企业制造业的海外竞争力。从国内角度看，由于人民币持续性单边升值，而且是外界普遍预期升值，因此，我国很多外贸企业被迫放弃日益严峻的实业，要么转型，确切地说是转产；要么转向金融，确切地说是投机。也就是说，实体经济没有本质的发展与提升，反倒呈现更大的困局甚至恶化，如频繁被起诉，贸易争端和贸易制裁的扩大是贸易矛盾和困难的反应，并且形成效率不变和利润下降的贸易逆差局面，我国企业的贸易环境急剧恶化。现在我国国内几乎所有的注意力都在金融上、投资上和投机上，而并非在实体经济上，所谓的经济冷、金融热就特别能说明问题。现在大家都在玩杠杆，对冲投机套利，期望政策推动，而不是做实体经济。目前我国实体经济形势不容乐观。一方面，我们的创新与结构调整没有出来，所谓的创新其实没有多大含金量，产品的品牌效益依然较低，跨业跨界的所谓创新颠覆了传统经济与实体经济，但是我国确确实实是一个传统的经济大国，我国制造在经历了初级阶段之后，应该打造我国自主品牌，掌握自主技术，将我国制造转变提升为中国品牌，使我国从传统大国转变为创新强国，但这个转型依然没有转过来。另一方面，我们的产业配置不均衡。比如说，农业产品大家都

谭/雅/玲/锐/评
人民币短期与长期升值应如何看待?

不想做,即使做了也不是务农,是炒农,即不干农业的人投机农产品。原本是干实体经济的人,现在很多都放弃了。比如,原来是搞外贸的,有外贸资质,有营业执照,但干的事却不是外贸了,而是转向人民币结算的对冲套利和投机。汇率的杠杆不是为经济实体,而是为投机利润,在汇率变动之间套取价差获利。此次人民币汇率的下调出乎那些投机套利者的意料之外,这可能会提醒他们,做人民币汇率不是那么好赚钱了,这就彻底打破了他们的人民币升值预期。他们可能会抛掉手上的人民币兑换成美元,而此次美元又正处于所谓的升值阶段,购汇成为风潮,进而推波助澜人民币贬值成风。货币汇率调整只是一个杠杆,如果实体经济没有调整过来,那么这个杠杆也发挥不了多大作用。说实话,你都不干外贸了,你说这个杠杆还有意义吗?去年人民币贬值了2.4%,但今年的外贸数据依然在下滑,今年以来人民币同样在贬值,但7月的外贸数据依然没有改观,甚至还比过去更严峻。

  货币贬值增强竞争力。美元寻求贬值周期已经13年,至今并未放弃,自2002年实施美元贬值策略以来,加之2007—2009年的美联储宽松货币政策,美元霸权回归成功,美元霸权扩张成功,美元定价与报价体系已经全面覆盖全球金融资产价格和商品资源价格。至今为止,美元贬值依然没有放弃,无奈的美元升值已经铺垫和积淀美元贬值的空间与动能,寻

第一章 人民币汇率变化取决于内生还是外延？

求贬值意愿使得美元升值有限、贬值寻机。至今欧洲的问题并未解决，欧洲经济分化严重，欧元必跌反涨，美元指数配置的57.6%的欧元比重就是要拿住欧元，欧元不跌反涨就是要挤死欧元。美元之下的美国经济是全球化外围为主，并不是以本土经济为主，我们错读美国经济结构与定义，以我们的标准、以通常国家的标准，进而理解偏差导致预期极端，资产与资金规模受制美元难以逃脱。这正是美元霸权的最大优势和最大收益。而从美元汇率特性下的美国经济角度看，美元与众不同，美国经济更与众不同。第一，经济基础高端超越全球。更多国家是以国内为主，美国独特以国外为主，无论美元货币投放或美国经济主力均以国外为主，进而美元升值严重损害美国跨国公司的经济竞争力，损失较大，美国股市下跌其中的部分原因就是美元升值所致。第二，美国经济周期决定美元贬值不变。技术研发的领先已经使美国经济周期步入佳境，直接地体现在就业市场的明显改观，失业率已经降至5.3%；房地产市场的改善，开工率较高，房价稳定，房利美已经开始盈利，并偿还贷款等，这些都凸显美国经济结构性的升级换代成效。第三，经济竞争力强化与减弱。美国经济世界第一的位置至今尚未动摇，即使有金融危机的概念，但美国国家地位未变，美元地位更强。尤其是美国经济总量逐年递增，唯有今年第一季度和第二季度变化异常，即经济增长水平向上，从-0.2%变为+2.3%，但经济总量

谭/雅/玲/锐/评
人民币短期与长期升值应如何看待?

却从 16.2877 万亿美元减少到 16.2704 万亿美元,美元升值损失很明显,所以美元贬值对策将寻机发挥。尤其是美国 7 月预算赤字扩大至 1490 亿美元,较去年同期增加 550 亿美元。7 月政府支出为 3750 亿美元,较去年同期增加 660 亿美元,增幅达 21%。截至 7 月底的本财年前 10 个月,美国联邦政府预算赤字达到 4660 亿美元,较去年同期的 4600 亿美元增加 60 亿美元。美国财政赤字折射美国经济压力与矛盾突出,经济数据的不确定与波动也十分明显。美联储加息与美国经济自相矛盾十分复杂,美元升值的冲击力是重要的角度,美元贬值很急切。

预计未来我国人民币贬值将会超出去年,预计的水平原来在 3%,加上此次特殊的调整,预计今年贬值幅度或达到 5%。预计人民币低点或达 6.5~6.6 元,但升值到 6.10 元甚至 6.08 元也有可能,大起大落特性将会凸显。预计第一是阶段性,汇率与任何价格运行曲线波动,有上有下;第二是趋势性,这与第一点相同,趋势是震荡,即有涨有跌,未来人民币趋势是震荡中贬值为主,升值有限。尤其值得注意的是,此轮人民币贬值已经脱离与美元的关联,独立走势的特性十分突出,美元升值没有带动人民币贬值,美元贬值也未刺激人民币升值。人民币个性背离我国经济是严重的教训,我们必须修复与调整,使汇率适合实体的经济发展,非简单投机需要。预计今年我国人民币汇率进一步完善将面临更多的改

第一章 人民币汇率变化取决于内生还是外延？

进与改革，完善汇率制度与健全外汇市场十分紧迫，尤其是外汇市场的开放与人民币的自由兑换面临机遇与挑战并存局面，增强体制制度建设，加大浮动区间范围，促进汇率双边波动修正，以及建设与开放外汇市场等，这将是今年人民币值得期待的焦点。这对于外贸企业及实体经济应为利多因素，货币贬值增强竞争力十分必要。但是目前我国最大的难点与阻力在于对汇率关注的金融投资投机多些，外贸与实体经济的作为少点，进而汇率波动乃至下跌的恐慌心理较大，这是需要我们加紧调整与重视的重要问题。汇率的手段必须发挥与发威实体经济的繁荣与发达，没有经济基础的汇率手段将不会发现与实现经济利益最大化和风险规避最优化。如何看待我们的汇率改革与进步应是我们当前重要的课题与难题。

但是目前的反应过度已经十分严重。一方面，是贬值的时机不当。因为政策宗旨与目标清晰明确，但政策实施的环节与结构并未有效支持，也就是说，更多外贸企业干的已经不是外贸本身的工作与主业，反之是一种急功近利的投机套利与对冲补损。因此这也是我们今年政策工具无法发挥诉求最大化和风险最小化的结果，铺垫与配套不足是重要问题所在。另一方面，由于对投资与投机关注过重，货币贬值加剧的是恐慌心理，贬值效应是推波助澜的结局。排队购汇的风潮反映出定力不足、盲从性很大，人为因素的紧张不利于价格正常调整。另外就是国际环境本身的阶段加罪我国严重，

谭/雅/玲/锐/评
人民币短期与长期升值应如何看待？

而我们又不恰当评估自己的位置与能力，夸张影响力的评论给自己增加很多麻烦与风险，判断不准确严重。我国现在的状态应该处在比较特殊的阶段，如果经济冷、金融热的话，货币本身高估的层面应该更多一些，因为大家比较集中精力去做跟对冲、跟套利，跟回报率有关的事情，所以更多的人是期待人民币的汇率，尤其是期待房地产的价值，去期待股市的价格。这样一种状态，人民币的泡沫因素，包括它高估的因素都是明显存在的。人民币本身没有找到价格和价值之间的关联，很难找出均衡汇率点，这在一定程度上会误导人民币汇率方向，或会影响对汇率基准水准的一种把握和一种采集。这对于我国经济安全和发展本身，包括对金融市场运作和调整本身所带来的复杂性和不利因素更多一些。

汇改10年的人民币汇率均衡空间不能从暴涨暴跌的角度评估，汇率的均衡空间取决于实体经济。比如欧元兑美元汇率，在过去11个成员国的时候是0.98∶1；欧元区成员国增加到了19个国家，汇率应该是1.24左右。但是，随着经济基础要素和经济实力的变化，汇率均衡水平也就会体现出来。人民币汇率也应该有它的均衡水平，相对于均衡水平并不是现在市场炒的汇率从暴涨变成了暴跌就是均衡水平了。人民币持续暴涨了36%，但并没有出现暴跌，大概两年人民币只跌了5%~7%的样子，所以很难说是到了均衡水平。但是我国的汇率对外贸的影响确实很大，因为我国汇率的不断暴涨给外贸带来了巨大的冲击,甚至应该是巨大的伤害。所以我国更多的大型国企能够接受的底价是 6.5 元,而中小企业跟外贸有关的可以接受的底价是 7.6 元,我国应该从这个地方去发现人民币均衡水平,汇率均衡对实体企业,特别是外贸进出口企业的价值更重要。我国被世界认可就是因为外贸,外贸在崛起,我们才被接受为 WTO 的成员。如果没有外贸,我国现在的状态不会如此辉煌,包括人民币的状态都不会是今天这个样子,所以我们不能忘记我国这段比较优秀的经历和我们这段比较辉煌的历史,这是我们权衡汇率非常重要的历史回顾,也是一个非常重要的参数。

人民币汇率改革的严峻局面——内忧外患

(2011年9月2日)

> 我国汇率改革6周年纪念之际,国际货币基金组织宣布我国人民币低估3%~23%,国际货币基金组织的这一论点将会进一步严重伤害我国的利益回报和竞争优势,对我国人民币的待遇是极其不公平的,甚至潜藏西方发达国家,尤其是美国的利益需求和设计需要。

就在2011年的7月21日我国汇率改革6周年纪念之际,国际货币基金组织宣布我国人民币低估3%~23%,我国随即做出立场反应,抨击了这一论点。我认为这是我国自主主见的新起色,十分有利于当前我国经济和世界经济的稳定,

第一章　人民币汇率变化取决于内生还是外延？

尤其对于我国经济宏观调控的关键时期具有十分重要的意义，这是我国经济金融当前的一个重要的焦点问题和核心问题。国际货币基金组织的这一论点将会进一步严重伤害我国的利益回报和竞争优势，对我国人民币的待遇是极其不公平的，甚至潜藏西方发达国家，尤其是美国的利益需求和设计需要。因此，回想长达6年的我国汇改过程，值得思考的问题是我们的改革是为了什么？至今改变了什么？这两个问题是十分重要的命题，也是对未来具有重要影响的课题。

第一，要观察我们汇率改革改变的是什么。这一主题需要的是实事求是的态度，这样方可论证清楚我们改革的思路，而非改革的舆论，更不能简单地就单边工具或短期措施感觉进展或进步很大，延误了我们改革的有效机会，甚至丧失改革的最终目标和长远目的。

我们当年的汇改改了一个价格，人民币兑美元汇率一次性升值2.0%，从8.2765元上升到8.1100元；同时改了一个汇率制度的框架，即将单一钉住美元转向参考一篮子货币机制。6年过去了，我们只看到价格在不断升值，从未贬值。6年升值20.35%，从8.1100元上升到6.4592元，其间只有2009年处于所谓的"盘整年"，汇率水平纠结在6.82～6.83元。回过头去看，人民币汇率的这种价格走势是因为外部驾驭的成功，而非内部需要或需求的基础，我们并不清楚我们汇率价格方向及汇率的诉求需要。因为2009年以后我国的经

谭/雅/玲/锐/评

人民币短期与长期升值应如何看待?

济金融状况是一个明显的向下阶段,甚至出现明显的纠结和扩大矛盾状态,并非是我国经济金融品质提升的趋势。而此时的人民升值状况和预期进一步扩大,这对我国经济金融而言是一种打击和削弱,而非促进或提升。最有利的例证在于当年我国被美誉的"世界工厂"已经从我国概念转移至墨西哥、印度和越南主宰,我国这样一个出口大国已经逐渐被越南和印度所替代。再有就是过去我们到美国市场所看到的中国制造铺天盖地美国初级产品市场,打火机、冰箱贴、玩具、纺织品、鞋子、工艺装饰品等,绝大多数为中国制造,而今的美国市场则呈现印尼制造和越南制造的覆盖,众所周知的耐克鞋,过去看到的是中国制造,而今美国已将这一生产链从我国转向越南。可以说人民币单边升值严重影响和削弱了国生产企业制造业海外的争力。

从国内角度看,由于人民币单边升值持续时间长,而且一直是预期进一步升值,进而我国大多数外贸企业并不能承受这种价格趋势,被迫转型并非产业的创新或转轨,相反是被迫投机行为的发展,没有本质的发展或提升,反倒呈现更大的困局和被起诉,贸易争端和贸易制裁的扩大是贸易矛盾和困难的反映,并且形成效率不变和利润下降的贸易逆差局面,我国企业的贸易环境急剧恶化。机电产品尤其高新技术产品是一国制造业竞争力的脊梁所在,与加工贸易等低端制造业不可同日而语。如根据海关统计,今年上半年我国机电产品出口金额增幅只有19.5%,其中高新技术产品也只有15.9%,低于大多数行业,而去年全年机电产品出口增速是30.9%,机电产品出口增速相比一般制造出现大幅下滑,显示出我国相对高附加值领域出口竞争力的下降,作为相对高附加值的机电产品经营形势如此,显示出我国出口的档次在不断下降。尤其是加工型为主的我国出口特色,伴随人民币升值使得出口企业的规模优势丧失竞争能力。而大多数中小企业在利润极低、产品能力较弱,尤其是政策倾斜较小中更难以抵挡人民币升值态势,更何况人民币单边升值加快,不仅已经导致大多数企业倒闭,更倒逼一些企业被迫走向缺少专业和资质的投机之路。目前又面临房地产、产业结构,包括信贷政策调整的压力,它们的生存发展面临夹缝生存状态。两面受损和两面夹击使得我国的中小企业面临生死存亡之命运。

我们的汇改当初是改了一个价格,但更重要的是改了一个制度,即放弃单一钉住美元,确立参考一篮子货币的新机制。然而,我们的汇改时过6年,至今无论政府、市场或企业乃投资者尚无参考一篮子货币的感觉和实际内容执行力,既没有权重配置,更没有政策指引,投资者一直直面美元单一钉住汇率,这是我们汇改的重大败笔,并非显示我们改革的成功。无论我们愿意不愿意面对这一现实,我们的改革已经尴尬于这种改革纠结局面。因此,美国或西方发达国家,

谭/雅/玲/锐/评
人民币短期与长期升值应如何看待？

包括国际货币基金组织，恰恰是对我国改革的本质具有透彻的揣摩，并且明晰我国的能力水平，他们在具有针对性地借助我们改革的软肋和弱点，对我国汇率实施破坏性和冲击性的攻击对策，我们不能掉以轻心。

第二，要分析我国汇率改革纠结的是什么。这一主题需要面对我国的现实，从自身基础条件考量货币改革的意义和需求。我们的汇率改革不能脱离我国的实际状况，尤其是国情特色盲从地对号入座，简单照搬照抄传统理论和别国的经验教训，其结果恐怕既不能解决我们的根本问题，反之将会加重问题的处理和消化，使我们改革的成本越来越大，问题越来越多，思路越来越乱，或许还可能引起经济的倒退甚至恶化，这非常值得警惕和深刻反思。因为汇率的基础在于经济，经济可以因汇率而受伤，汇率也可能因基础不足而失控。金融危机的教训就是因汇率失控而导致经济失控。面对前所未有的新型金融危机，我国受到的打击和冲击并不亚于美国等发达国家，关键在于我们自己的把握和控制出了问题，其中汇率是一个重要环节，进而带来观念、制度和效率的严重不足。这就需要思考我们经济发展的方向与模式。

回顾我们汇率改革的国情状况，尤其是我国经济特色和周期特点，就不难发现，我们的汇改不对路子，既不是以我国国情需要，也有所违背国际规律和经验之路径或原则。从国际金融角度看，人民币升值并不能解决当前的问题，反之

第一章 人民币汇率变化取决于内生还是外延？

当下则加重未来自我经济结构的难度，这并不利于我国当前的宏观调控，更不利于世界经济的相对稳定。首先，人民币升值超现实，严重违背了市场规律。其次，是人民币升值超定义，超越我国国情阶段需要的价格因素，目前这种预期已经严重制约我国经济优势的发挥和积累，并不利于我国转型和调整，以及经济稳固的需要和需求。第三，人民币升值超理想，美元霸权的抗衡过于简单化，理想主义的对抗策略并不利于我们自己的发展与改革，相反对形势和格局的误判则加剧我们自己发展对策和战略的纠结和压力。最后，是人民币升值超低效，未能实现自己货币汇率制度改革的主张，改革的短期化和单边性不利于专业化水平和技术性经验的有效实施和发挥，我国汇率改革的立足点严重偏离改革的原则和初衷。我国人民币汇率的焦点关注不能脱离我国的利益诉求，并且不能违背市场技术规律的把握，我们现在的价格水平路径是在囤积市场风险，并非是自己利益的长期发展。我国汇率改革已经6年了，但是至今我国的汇率制度健全依然存在严重漏洞和不足，尤其是技术和专业严重缺失市场能量和含量，应引起高度重视和关注。

另外从世界经济规律和周期看，经济形态的基本规律是实现农业、工业和服务业这三类产业循序渐进、逐渐强大，相互补充、相互扶持、相辅相成，形成农业大国、工业大国和服务业大国地位和资质，既有利于自己发展、繁荣，也有

谭/雅/玲/锐/评
人民币短期与长期升值应如何看待？

利于世界进步、前行。然而，我国则是脱离这种基本规律，走了先工业、后农业、扭曲服务业的不伦不类状况。工业缺少品质和资质，世界名牌少中国，世界问题多中国，只有大，没有强。农业更是严重拖累经济发展和前行。当前的通胀问题关键在于农业不足，农产品价格压力严重，投机炒作和流通炒作加剧通胀风险，进而导致经济存在失控的可能。工业数量在减弱，优势在下降。服务业则处于盲从、简单、低级和低效状态，不仅不能有效促进工业和农业的发展和壮大，相反由于服务业价格和流程则进一步恶化了工业和农业的环境与条件。经济增长数量和速度是经济质量的前提，但并非是关注经济质量就是否认经济数量或速度，两者不能混谈。前者是社会主义初级阶段市场经济的特色，大量积累过程的必然过渡时必须要有数量或速度指标作为标志的。但是我们现在已经进入社会主义市场经济的中级阶段，经济并非是简单数量或速度推及进程，而需要与质量和效率相呼应赢得强国的地位，改变大国的单一性、简单性，甚至低级性。因为我们即使经济总量超越了日本，成为全球第二大经济体，但是我们依然处于发展中国家的地位，我们的经济竞争能力和水平只相当于日本1965年的状况。最明显的差异是透过大地震时灾民的居住环境就可以看出差距。日本的简易房屋在住所内配有浴缸、洗衣机、冰箱、彩电、烤箱等高级享受用品，我们在简陋的屋子里只安排有解决生存或生活的桌子、椅子和床铺，只是温饱标准的救助。所以市场所关注的国民幸福指数并非只是物质指标，更需要精神、文化和道德，经济数量必须与经济质量相互配套，幸福指数将是全面和有效的。

目前我国对经济指标的关注与调整并非是放弃经济追求的高标准，也不是简单否定经济改革的追求，而是使未来的经济更上一层楼，更有利于我国国际地位和国民百姓的受益。我国经济指标的关注并不是发生转变，而是政府希望将经济速度的关注转向经济质量的转变，全面提升我国发展品质和效率。所以2011年年初全国两会期间温家宝总理在《政府工作报告》中提出未来5年我国经济增长速度和规模目标，实现经济增长年均水平7%，实现经济总量55万亿元的目标。这两个激昂的指标十分令人鼓舞，也使人理性。一方面，我国经济增长速度并非追求过高的指标数据，7%的中性标准是以我国的具体情况和现实基础，虽然这低于我国现阶段追求的指标，但却有利于我国经济长期、结构改革和健康质量的增强；另一方面，我国经济增长效益攀升的趋势显示，我国更加注重结构和质量的保障，这与我国当前的基本经济思路——转型是吻合的，也是我国经济最大的难题和突破。通过这组数据我们看到的是我国经济未来的远景，我们未来的目标，进而对于制定规划和措施是一个基准点。尤其是在当前我国处于经济宏观调整的关键和敏感时期，这一指标的指引将会有利于稳定市场和平抑社会心态。因为我们2011年的

谭/雅/玲/锐/评
人民币短期与长期升值应如何看待？

经济金融基本方针是回归常态，但是市场的理解和社会的解读是"下降"或"收缩"之类的言论，进而引起市场有点混乱、人们心里略有紧张，并且已经导致资金和投资状况失真，不断引起政策调整困惑和效率，逐渐形成不利于宏观调控抉择有效推进的局面。因此，面对我国非常时期和国际复杂时期的环境，我们的对策需要是以自己国情和适度节奏控制为主，绝不能追逐潮流和偏信国际舆论的诱导。作为一个经济发达程度不足的国家，我们最需要的是适合自己和加快改变及突出效率，而非简单雷同世界和模仿世界。

简单看：2009年我国城镇化比例达到46.59%，我们只用了30年赶上西方国家200年的进程，我们的进程太快了！这种模式和速度带来的好处与问题需要全面论证，而不能过于偏颇地关注某点好处，严重忽略不利和负面因素，延误甚至错乱我们发展进程和效率。过去10年我国货币供应量增长450%，目前我国的货币供应量是经济总量的1.8倍，而美国只有0.6倍，日本、韩国不过是1倍左右。我国是一个农业大国，农民的数量占多，13亿人口中有7.2亿农民，并非是农民进城就是城镇化的进步，农村建设为城市和农村被推进为城市是两种经济结果的巨大反差，前者是经济质量的转变，后者只是经济数量的堆积。反观国外，包括我国的台湾省，最有钱的是农民，农民不愿意进城，农民具有政治影响力和较强的社会地位，这足以使我们思考我们改革包括转型的落脚点。我们有时有些走偏了，我国农业和农村问题的解决出了问题，观念和思路上有不足，进而在农业改革上的路径需要修正和改变。目前我国的贫富差异裂痕主要集中在城乡差别，我们应该从实效和特色角度组合和改变，而非以形式或短期对换国民角色解决如此长期和根深蒂固的矛盾。对比国际经验和路径，我们有些值得思考的尺度和进度把握。我国经济速度和数量转换的未来是提高质量和效率，使我国从大国走向强国。从中值得思索，我们的汇改缺少的自己特色的需要，自己阶段发展的诉求，以及自己保护对策的追求。

第三，要发现我们汇率改革缺少的是什么。这一主题关键在于汇率的技术和专业性。我们将金融问题简单化、短期化，甚至将金融问题过于极端地调整，超越自己能力阶段水平，更跨越金融基本规律和经验要素。而人民币预期高涨的这种预期心理和舆论炒作刺激和扭曲了我们发展规律和市场配置，市场基础条件不足甚至跨越式发展，使我们的汇率缺少根基、缺少效率、缺少专业、缺少经验尤其是缺少战略。

首先，看看西方发达国家的股票市场。股票市场的基础在企业，更贴切的是在于一国内部资质和水平高度体现的内部资源和效率的市场。所以美国在过去与当前激励改革是结构和产业配置。美国已经开始并且明显呈现传统产业向高科技、专业、现代经济产业结构的转化和改革，房地产、制造业和汽车业发展逐渐让位于金融业、高科技业及能源业。因

谭/雅/玲/锐/评
人民币短期与长期升值应如何看待？

此，美国股市有暴涨，也有暴跌，有涨有跌修复、恢复快速。相比较，我国股票市场缺少企业优良品质、产品优势品牌，进而依赖资金、依仗资金，资金砸出的股票市场价格不可持续、难以上涨。而我们至今尚未意识到自己的问题之所在，为救市而救市，进而采取扩展板块和增加市场数量和规模的概念推进，板块扩张没有带动价格上涨，数量投入没有刺激价格上涨，我们机制和制度的问题，治病不对症，效果难显现。全国瞩目的股票市场基础条件和硬件建设出现了偏重，过重于追求回报率和资金效应，进而严重忽略市场机制和资质的健全和合规，严重忽视技术性和专业性的教育、培养和开发，使得股票投资头脑简单、暴富理财、打探信息、投机取巧，严重影响我国经济信心和金融秩序，我们必须从高度和专业角度认真论证我国股票市场的发展与成长。

其次，看看西方发达国家的外汇和黄金市场。外汇和黄金市场的基础是技术性和专业性，尤其是规模化、效率性的国际化市场。美国高度重视汇率在外汇市场的指引作用和主导作用，宏观调控拼命集中运用汇率手段调控经济环境和经济心理。美国的外汇市场是全球金融市场的引领和主宰。美元则是外汇市场美国国家利益的重要工具和手段，美元的数量规模和质量效应成为美国国家战略的载体和平台。美元在全球外汇市场份额占到80%以上，进而美元技术和经验引领全球货币和大宗商品价格方向。随之美国也更加注重国际黄

第一章 人民币汇率变化取决于内生还是外延？

金市场对美元的辅助和帮助乃至保护性作用。其充分运用美元报价体系的特殊性，刺激国际黄金价格不断高涨，力图通过黄金价格上涨生成更多的财富来源，保全美国可能的债务风险和债权保值，尤其是设计货币竞争对手的风险压力，最终击垮货币竞争对手，实现美元霸权的全面回归，而非黄金替代美元。黄金价格高涨是美元战略组合高端所在，并非市场舆论所言美元将被黄金替代，世界金本位要全面回归。这种舆论恰恰是风险识别的巨大错觉，而非风险应对的远见。所以美国高度重视汇率，以垄断市场价格趋势和方向，美国高瞻远瞩占据黄金市场，以防止美元风险的不可承受，绝非是替代美元的品种，而是美元扩大垄断和绝对垄断的筹码。相比较，我国的外汇市场或黄金市场就是简单的追逐价格，缺少专业性和技术化的内涵和品质，急功近利、一夜暴富是我们的追求，严重忽略国家利益和战略的配置和规划，严重缺失市场职能和定义，简单化、单边性混淆矛盾，甚至弱化自己。尽管藏汇于民和藏金于民一直是我们的战略选择和追求，但是我们缺少市场落脚点和立足点，巨额的外汇储备只能是一种欣赏品，而不能成为经济发展和金融改革的动力。这是因为我们的外汇与黄金市场建设不足和发展不足，重视不够和发挥不够，进而延误了我们发展的机会，不利于我们金融资源效率的最大使用与发挥。

还有在其他各类市场的配置和发挥方面，我们与西方发

谭/雅/玲/锐/评
人民币短期与长期升值应如何看待？

达国家都存在着巨大的差异，仅从金融规律和进程经验规范角度看，一个国家的利率和汇率的前后顺序是先利率后汇率，利率自由化和市场化是汇率自由化浮动的前提，而我们先走利率市场化，走不通再回到汇率，汇率又不行，再论证利率，至今利率和汇率都无明确的改革进展和结果，利率市场化遥遥无期，汇率市场化是一纸空文，制度诉求和目标始终都没能实现。另一个债券和证券的顺序是先债券后证券，而我们则是先证券后债券，进而融资的流通是逆向而行，既扰乱了企业资质，也破坏了金融环节。还有一个现货和期货之间的关联应是现货价格决定期货价格，而我们当今是期货价格决定现货价格。因为我们是从期货到现货反向流程操作，进而不是在规律经验之下的现货市场发达顺理成章地走进期货市场，急躁和浮躁导致发展过快和超越规律、程序。金融改革在反反复复之中浪费了精力和时间，付出更多的成本和代价。

我们的金融改革过于注重形式的国际接轨，严重忽略精神、文化和品质的对接，进而形似神不似的"面子工程"使我们的经济利益和金融利润受损，并不利于我国经济持续和长远发展，汇率已经是一个关键因素和核心原因，直接对价格、制度、规矩、规范和经验进行多角度的冲击。

最后，要识别我们汇率改革面临的是什么。这一主题核心在于风险识别力，而恰恰当今时代着眼于防范和应对风险，但是如果没有有效的风险识别作为前提，防范和应对将无从实施，甚至会错对风险。所以对我国汇率改革的外部环境的有效判断是汇改成功的前提条件，并不能掉以轻心或盲从乐观，甚至错判局势。

2007—2008年国际市场一场非常独特的金融问题，引起了世界经济思维乃至国际金融格局判断的混乱，甚至是错乱，这不仅不利于我国经济金融战略和政策的把握，而且也导致世界经济更大的差异乃至真正金融危机的可能。所以当前舆论的很多论点并不是真实状况的结论，相反在一定意义上是对事件和事态的推波助澜，错乱和错觉了对时间和事态本质的判断力。

其一，金融危机的受害区域转变为收获区域。过去的金融危机最简单的结果是外资将大规模撤离金融危机区域，如今大量外资是快速、大量流入金融危机区域。美国是金融危机的重灾区，但是美国的资本流入总量依然是世界最大，尤其是美国国债发行数量，从美国本国角度看是一个巨大的风险，资不抵债十分严重，然而美国不仅继续扩大发行量，而且全世界积极踊跃购买美国国债。金融危机并没有严重冲击美国的经济实力，也没有沉重打击美元的货币地位。其结果是，美国经济总量继续攀升，美国经济地位没有被震撼，甚至美元的货币地位不是在削弱，相反呈现增强和强化的局面。即便是美国的货币政策结局与其他国家的局面也完全不同，美元极度扩张的货币政策调动和带动了全世界，并且牵动和影响着全世界,进而货币政策结局是通胀严重存在于发展中国家,通缩被摆脱表现在发达国家,尤其是美国运用的货币政策,使全球的通胀趋势帮助消化了美国的通缩。

其二,当前世界的格局并未发生质变。全球失衡再继续扩大,全球基本架构和格局没有根本性的改变。发达国家虽然具有低水平的增长速度,但是他们依然拥有经济实力,以及较大的经济力量和品质,科技含量最高的在发达国家,效率水平最高的在发达国家,金融专业势力最大的在发达国家,企业竞争排名前几位的在发达国家,财富拥有最多的在发达国家。然而,舆论的评价则完全相反,即发展中国家,尤其是新兴市场国家很有竞争力,甚至超越了发达国家,论据在于他们的增长速度很快,这其中严重忽略了势力和实力,只关注数量和规模不具备可比性。其实当今经济最发达的是美国、欧洲和日本,市场最具财力的是美国、欧洲和日本,机制效率最高的是美国、欧洲和日本,全球主宰者是美国、欧洲和日本。所以世界焦点问题的解决方案依然是以7国峰会为主,而非20国所为。

其三,未来风险预期的错综复杂转移。由于上述两个问题的错觉,进而金融危机的概念已经远离美国,而逐渐走向竞争对手欧洲和亚洲,或是整个地区,或是个别国家,这种风险转移是有很深的战略规划,以及很长远的国家利益设计。目前真正意义上的国际金融危机可能性增大,金融风险上升并可能难以控制。2007—2010年全球金融危机的独特与缓解并不意味全球已经度过危机,恰恰是真正的金融危机并没有发生,未来将会有真实的金融危机爆发,其爆发点将发生在欧洲,而不是现在的美国。一方面是市场价格因素,另一方面是货币制度因素。价格因素在于美元贬值带来其他货币,尤其是欧元货币升值明显,欧元实际价值超标已经十分严重,因此市场可以看到的事实是,欧元区经济在走下坡路,但欧元价格在走上行路,进而价格泡沫因素必然导致危机因价格破裂的危机,或货币失信的危机。制度因素在于欧元合作至今一直没有财政政策的合力,经济制度和政治制度更没有模式,更缺少对问题的有效解决和合理处置,进而欧元问题集中在制度上更多,欧元缺少有效的执行力,主要原因就是欧元区没有有效的制度约束和制度保障。尤其是欧债危机的处置停留在数字和资金层面,并没有制度和结构的修补或改进。目前欧元区国家的向心力明显不足,尤其是主要成员国的60%以上的民众不愿意持有欧元,这将使欧元面临崩溃的风险。一个重要因素是德国作用突出。德国经济已经明显率先优于欧元区经济复苏,尤其是德国出口增长局面,这与年内的日元升值具有关联,是美元"一箭双雕"的重要对策。而国际市场只是停留在日元层面思考问题,尤其缺少综合和全球考虑角度,实际上日元升值是在帮德国摆脱经济僵局,给予德国出口竞争力,从而推进德国出口大国地位的恢复。而

谭/雅/玲/锐/评
人民币短期与长期升值应如何看待？

此时国际舆论对于人民币升值预期日趋高涨，这些表面现象和组合因素表明，美元战略和美国战略已经十分清楚，即美国和日本货币合谋帮助德国，扰乱中国，最终是推进全球化和打击区域化，美元和美国舆论合力打击人民币出口竞争力，破坏亚洲金融货币合作，扶持德国恢复出口大国地位，这样做既可以提携德国摆脱欧元区，又可以制衡我国的竞争力。可以说美国是一箭双雕和一箭三雕的多元化战略组合。当前欧元区的合作态势十分严重，三年多新型金融危机使得英国彻底不加入欧元区，德国出现退出欧元区的意识，以及更多欧元区国家意见对立和矛盾分歧扩大。去年至今的冰岛、希腊以及爱尔兰问题的接二连三，并非是简单的欧洲和欧元区独特问题所在，而是一种规划性和针对性很强的市场进程，目标则是挤垮欧元和摧垮欧元。

另外一个重要因素就在于美联储正处于货币政策的转折点。虽然至今美联储一直在量化宽松舆论中调整，但是美元利率的快速反转，甚至快速上升将难以抵挡，甚至将会快速呈现和超出预期，高利率时代的快速来临必将导致金融市场措手不及的危机风险，欧元更加难以驾驭，失控风险将导致欧元金融危机爆发。还有欧洲自身的原因。欧元区面对问题的政策协调将由僵局变为僵持，最终可能适得其反，所有国家将不得已开动各自的印钞机发行原来的货币，进而导致欧元消失和崩溃的时间临近，双币并行的欧元区将必然导致欧元瓦解。

2011—2013年的焦点在欧洲，而非北美。但是美元主线依然是全球金融市场的"风向标"。所有市场价格指标的参数在于美元汇率走向。因此这必然会冲击我国尚未脱离美元、并继续以美元为主的汇率制度的效果，进而直接冲击我国经济和企业竞争力。因为无数的金融危机最终都是以货币升值带来货币贬值甚至是不可抑制的贬值。

结合国际形势的错综复杂性，我国汇率制度的健全十分紧迫，我国汇率单边升值的预期消除十分紧迫，我国汇率把握的专业素质和基础技术提高紧迫。全球经济焦点高度于金融，国际金融焦点高度于汇率。国家汇率观念是文化偏颇、经济极端以及金融简单的集中体现，也是西方透彻于我国的追求和偏好的针对战略和策略。西方对我国实施的"捧杀战略"是我们自己反思和警醒的关键所在。

为此，我建议从三个层面抓紧汇率改革的配套对策。

第一，短期对策要抓紧打除消人民币升值的预期。我们应该用我国的有效手段形成全民口诛笔伐的抵制和批判人民币升值论，扭转人民币升值只讲好处不讲坏处的偏颇，形成人民币汇率自主主见，推进我国汇率改革的良性规律的把握和有效制度环境的建设。我个人认为，我国人民币汇率应该采取主动调整对策，尤其是选择时机采取人民币

谭/雅/玲/锐/评
人民币短期与长期升值应如何看待？

贬值策略，一方面保护自己企业和产业国际竞争力，另一方面消除市场规律囤积的风险压力，主动打消人民币升值的预期，扭转人民币单边升值风险，这既有利于自己发展的主见，主动化解风险，同时也并未违背国际原则和趋势。尤其是应从人民币升值太多和预期的角度寻求我们的论据，我国人民币汇率升值在6年中已经达到20%，去年至今的一年中已经升值5.9%，仅从我国机电产品出口利润的角度看，其总体水平偏低，平均在3%～5%的利润空间，面对这种升值速度，他们的近期经营成本上升进一步挤压了行业企业的利润空间，77%的企业利润下降，其中44%的降幅在10%以内，38%的降幅在10%～20%，15%降幅的在20%以上。我们应该更多地将我国企业产业的困难和不支持论点告诉市场和世界。

第二，短期政策要加快健全人民币汇率制度的内容。我国决策监管机构应尽快设计和规划人民币参考一篮子货币的模式和权重，使人民币价格参数有参照指标把握，人民币国际结算措施并不是最好的对策，恰恰是汇率制度改革不到位的一种掩盖，并不利于人民币有效改革。我们应该用市场配置减少美元钉住因素，多元化组合将有利于我们的效率和避险，是以实际行动应对美元贬值的最好措施，相反美元和美国将会祈求我们，这样做我们会有所主动。而当今我们只是有舆论，美元有对策，我们没有办法。完善和健全人民币参考一篮子货币是需要我们决策效率加快转变的关键。

第三，短期措施要加强专业人民币汇率技术的教育。我国应重视铺垫和开辟市场多元化理念、技术和舆论。简单观察，我们的专家、学者多以股市评论和预期为主，我们的媒体以股评为主，我们的投资者以投资和投机股市为多，这样偏颇和极端的市场存在巨大风险，热钱恰恰是看到这种缺失和扭曲而来运用和炒作的。所以我们应将"藏汇于民"和"藏金于民"政策落实下来，在投资板块多元化开辟通道和提供产品，提供有回报的产品，通过投资渠道让老百姓有收益来解决问题，而非抑制价格单边解决问题。尤其应加强教育和普及金融技术和知识，媒体和政府应该强调和强化金融专业的服务，使我们物质生活提高之后的文化和知识生活得到提高，在国民素质方面用金融促进和刺激，这样，反过来对于金融专业行业的推动将更具实际意义。

从长期角度看，我国还是需要长远规划，包括人民币国际化进程需要有时间表，循序渐进应该分阶段和有步骤地推进。尤其是难点和焦点应该寻求有所突破，而不要口号多，实际内容和转变少。纵观国际金融市场的未来前景，谨慎观望、合理应对、科学决策、提高效率及前瞻防范是市场发展的基础和关键，风险预警和危机警报将始终是全年的"风向标"和"警戒线"。

货币政策强势与汇率改革压力

(2016年5月26日)

> 人民币国际化是我国目前舆论的热点与市场追求的焦点,但是似乎与国际经验教训比较有所欠妥。尤其是面对美元霸权进一步强化时期,其势力范围的扩张与金融市场的扩大是前所未有的,我们并不应该针对其攻击目标设计语言与方案,而应从自己的实际需要考虑切入路径与方法。

今年以来美元指数下跌幅度达到4%,指标走势从98.84点下跌到最低点91点。美联储为加息宗旨的汇率调节原则十分清晰地展现,美元升值是阶段性不得已,美元贬值是策略

第一章　人民币汇率变化取决于内生还是外延？

与战略性结合，其方向非常明确与坚定。市场舆论的强势美元的误区与盲点很多，并非是美联储政策要领与方向。尤其是美联储的预期措辞变数很大，进而对美元汇率走势产生较大的影响。同时也牵制与影响着美联储加息的政策选择。由此观察与研究美国货币政策对汇率改革具有十分重要的意义，尤其是有利于我们的改革选择与进取，更需要在 G20 会议期间引起关注与深入探讨，以利于我们对策效率发挥得有效和务实。

一、必须重视与研究美国货币政策的特性

美元是全球关注的焦点，也是金融市场的重点，因为美元货币地位非常独特。一方面是美元为全球货币制度的主体。美元一只独霸体现在全球定价货币的功能，全球报价货币的工具。无论在全球外汇储备体系中、国际金融市场结构中，包括结算货币、交易货币、融资货币、投资货币等各个方面，美元覆盖范围在 60%～80% 的范围凸显美元地位的特性，权力性货币的特权独一无二。另一方面是美元为具有垄断全球金融与商品资源影响的唯一货币。除金融资产的报价与定价之外，美元权力性货币的特权更直接垄断全球的所有价格，无论石油、黄金、农产品等均脱离不开美元主导与主宰格局。

当下伴随美联储的宽松政策，以及全球极度的宽松货币政策的效应，国际金融的认知与预测混乱带来判断上的不准确十分严重，这反过来进一步影响市场行为和政策效率的无

谭/雅/玲/锐/评
人民币短期与长期升值应如何看待？

效和恶化。其中美国金融的高端化和高级水平被严重低估，甚至错位美元货币地位霸权的资质，尤其是对央行的理解力具有局限性，甚至错位美联储的特性与个性，这正是美国货币政策的真谛所在。全球央行主要职责与美联储的职责目标千差万别，其中美元地位与影响是核心要素，并非是本土化和本国概念的通常政策框架与宗旨，美元货币政策特殊在于以海外为主、全球主宰，全球化基点。美国金融战略的全球化在运用美元的霸权资质实施，美元霸权资质的发威恰似美国金融战略全球化的载体和通道。目前研究问题与焦点讨论的鱼目混珠使问题梳理难以清晰和透彻，甚至会顺从美联储政策需求，反之违背自主货币政策的目标和原则，过去诸多教训惨痛而普遍。其中美联储的扭曲操作是关键点，市场对货币政策的期待不准确甚至被误导，这也是近期国际金融市场震荡的主要原因与背景。甚至美联储的紧缩先于全球更有深谋远虑的战略高度与深远预期。美联储的对策基本思路则是以美元霸权为主线，美国经济为基础，美国战略为归宿。美国经济全球化与美元市场化的相辅相成工程配套是货币之径的经验之选。美元作为全球主导货币的地位始终难以替代和震撼，美元货币地位的定义与定性在经历了新型金融危机之后在继续回归自己一只独霸的地位定义，并且融入更加宽泛乃至全球垄断的新定性。因此，观察货币的强大已经不同于传统时期的经济基础要素，而是与时俱进的新思维和新观察，即经济要素的信心是核心面，市场要素的心理是关键点。我们可以发现美元汇率在一系列突发事件和战争冲突始发时总是稳定向上，反之随后则会下跌。尤其是在美国经济表现不好时，美元汇率则会向上；在美国经济表现好时，美元则会下跌。美联储创造了流动性，美联储又成功地驾驭流动性的分布与流向，流动性过剩时期的准备和设计充分，面对新局面的调整与对策有效，美元的先见之明难以比拟。美国经济全球化以美元市场化为基础，进而实现其全球化基础要素的配置，有效保障其全球化地推进与布局。有面有点，点面配合，以面带点，以面促点，主次分明，目标明确。

其一，以意识调整全球概念。对市场的准确认识是影响市场运作的关键，美元之作的初始之笔就在于以意识和认识论调整全球概念化的舆论和进程。回顾我们经历过的市场，流动性不足转为流动性过剩是美联储的先见之明，即2001—2003年美联储下降利率13次，2008—2009年美联储下降利率10次，全球市场从流动性不足到流动性过剩、流动性泛滥；美联储政策的宗旨在全球市场架构范围的扩张，并不仅仅局限美国本土范畴，有别于任何国家货币政策概念和全球政策差异；金融市场概念扩展到全球市场范围；黄金重新回归金融属性为主；石油价格两地分化（纽约与伦敦石油期货价格倒挂）是美联储先见之明等，诸多简单现象的背后筹谋是耐人寻味的。其最终目的是将美国概念全球化，美国规模

谭/雅/玲/锐/评
人民币短期与长期升值应如何看待？

世界化，进而市场关注的焦点讨论的分化与分歧在于：各国局限在本国本土，而美国讨论的概念是世界及全球。

其二，以价格调节市场范围。对市场循环机制的控制是调节价格的核心，美元定价地位的保障与美元报价地位的扩张是价格调节市场的独特工具和手段。美元正是准确地把握住自己这种资源特性与优势，借助市场流动性过剩的局面，发挥美元调节价格的优势体系和市场涵盖，调动全球价格的同步性与非对称性，进而使价格引起的判断分化乃混乱，从而使美国更加顺畅地实施美元价格和价值的通道与定律。

其三，以战略调动全球资源。对市场机构设计的高瞻远瞩是全球资源配置的重点，美元霸权特性决定美元构架的自我性和特殊性。美元战略的远见是美元霸权发挥与发威的核心。美元不仅具有明确的货币竞争对手，而且更有组合型与合作性的战略伙伴和新型合作关系，其宗旨在于全球化标准与目的。因此，美元汇率走向之下的不同价格走势，既受制于美元，又有违于美元，其关键在于美元的政策与策略需求。日元汇率的变化是一个最有利的例证说明。日元汇率并非是依据日本经济实际状况的对接，而是美元全球利益与需求的辅助。

美元以价格入手，以收益率为目标，进而取得利润最大化的价格要素配置，得到最佳和最优的资源空间和时机，占领最有利的时机与地域，实现美国国家利益最大化的汇率阵地。

二、高度关注美国货币政策的深谋远虑

美联储货币政策的特殊性是投资风险要素的参考值，而美联储货币政策的进展十分诡异，尤其是适合美国自身的全球战略性更加突出，进而美国经济收益及投资收入均非常明显，美国经济的复苏十分稳健，美元货币地位进一步夯实，美国金融扩张十分有效，这些都与美联储的 QE 紧密连接。美国经济借助宽松政策得到提升与转型明显，包括经济结构进步与矛盾减轻突出，战略性的转型促进自身经济良性循环，更引导或规划世界再分工和再配置的呈现；更有效地在于美元货币地位的不断改革与改变，基础要素的完善与强大，其中美国经济的世界能力不断扩大，世界经济老大的地位至今难以震撼并未改变，尤其是金融战略对资源战略的保障与保驾护航作用功不可没。所谓金融危机概念以来，美国新策略的实施，发威国际金融的势力，这凸显美国金融战略的意图与目标清晰，进而使全球资产商品定价权被全面垄断，美元特权与霸权回归常态，且进一步扩张乃扩大势力范围与主导局面。

影响一：美元政策的特性与特色进一步发挥。美元货币政策的特色取决于美元地位的特性，即作为全球定价与报价货币的特权与霸权，使美元政策的特色十分与众不同。它既不是以本国本土经济为重点，而是着力于全球与世界视野，

谭/雅/玲/锐/评
人民币短期与长期升值应如何看待？

进而美元政策的效应使美元制度霸权范围与市场份额水平大增，美元垄断性进一步扩张到全世界各个领域与概念。回顾2000年以来美联储政策的思路与路径，其中扩大市场美元霸权的覆盖率清楚而透彻。即第一波的2001—2003年的宽松是促成市场的基础要素，流动性过剩局面的形成是美元霸权待回归的市场基础。随后2007—2009年的宽松促成了机制体系要素，流动性泛滥的局面得美元特权覆盖了所有价格与商品，美元进一步扩大的垄断性使美元更显威力与霸气。美元定价与报价体系从金融领域向全球扩张，无论黄金、石油、资源、大宗商品、农产品等统统被美元所垄断，其金融领域已经覆盖全球各个范畴。美联储QE的政策宗旨明确而有效，其超出单体国家央行的定位，更不是一国央行的职责。而市场对这一焦点的解读与理解存在偏差与偏激，期盼继续宽松的QE，但并不明白美联储QE的基础不同于世界其他国家央行，未来追求远高于世界各国央行，其能量与控制更大于世界各国央行。世界各国以本国本土概念的推论并不适宜对美联储高级化和全球化的识别与判断。

影响二：美国经济的转型与效率正在收获。美国经济的现代化与新型化十分具有成效，更是美国经济与众不同的全球特权支点。其中最关键之点在于新能源战略的收获期。一方面是美国传统能源战略卓有成效，石油战略储备的丰厚使美国战略垄断性制高点得到稳固。另一方面是美国新型能源

第一章 人民币汇率变化取决于内生还是外延？

战略卓有成效，新能源的开发和研究、技术更新和创新使美国拥有页岩技术垄断，确立了其石油出口大国的地位，美国石油对外依存度和石油价格冲击力下降进一步显示其新能源战略的效率与作用。同时包括美国自己紧张、全球十分敏感的失业话题更与美国经济的转型升级有关。传统产业的就业技能已经不适应现代经济的需求，就业压力的根本在于国民需要时间追赶经济发展质量和节奏，这只是表明美国经济规划与把控的准确，并非是美国经济问题与压力那么简单。美国国民已经深切感受到这种变化，他们正在用时间和努力追赶经济转换的节奏与品质。国家政策纠结的失业率与百姓追赶弥补的失业率正在发生变化，美国失业率两年变化的进展已经表明，就业思路与战略效应的进步，并非是压力而是一种动力和潜力。市场与国内外理解角度与解析方法的差异，是美联储政策被误解的关键，也是美国经济被悲观的重要因素。

影响三：美国战略的定位与目标十分明确。任何一个国家经济战略的作用是不容忽略的，尤其是在高科技极其发达，国家竞争日趋激烈时期，国家战略的意义与作用更加重要。观察美国国家战略的定位，其核心就是保全和保护美元霸权，美元霸权对美国经济利益乃至全球战略的推进是根基。美国战略定位决定美国竞争目标明确，即美元货币对手就是美国国家战略的目标地，如欧元、人民币等都在其中，进而我们

谭/雅/玲/锐/评
人民币短期与长期升值应如何看待？

货币改革开放的宗旨应以自己货币自由兑换和国际储备地位为目标，不要简单化地推进人民币国际化，这与美元全球化之下的美国战略的冲突严重，不利于我国金融竞争力的发挥和实施，我们应该面对现实选择战略与对策。尤其是当前美元战略目标的稳、准、狠十分突出，即对欧元决战期的战略对策十分明确与有效，欧元问题加剧，瓦解概率加大。目前欧元问题不是在消化矛盾和压力，反之是在消耗实力和积累，进而不对症的救助措施不仅救助不了欧元，反而会使欧元的前途更加悲观和渺茫，最终欧元被瓦解将逐渐显现。但欧元爆发危机的概率极低，因为欧元区并不存在体制与体系的实力风险，各自为政和独立特色是各自风险屏障保护的基础，欧元只是问题严重而瓦解，并不会发生金融危机，甚至摧垮欧洲。美元和欧元是对手，但美国经济和欧洲经济是同盟，既有实力特权与特色，又有合作基础与战略目的。美国会击垮欧元，美国也会反手救助欧洲经济。美元战略方向的短期、中期和长期目标对策有目标和利益诉求。

百年不遇和前所未有的金融危机的复杂与高端不在于眼前的伤害，更严重的挑战在于未来控制能力与风险的应对，尤其是在发展中国家和新兴市场经济体经济实力逐渐脆弱，金融势力并不强大的面前将具有更大的压力，特别是我国和亚洲一些国家危机的风险概率更大，甚至有可能爆发真正意义上的传统金融危机，重创新兴市场经济实力是美国核心战略意图与目标。美国重返亚洲是未来地区与个别国家危机与竞争的焦点关注。国际金融市场竞争与动荡直接引起或发生国际金融体系更大的变动与调整。美元霸权的鼎盛时期显示出市场分化加大、基础要素不足扩大、战略取向资质严重分裂，尤其是市场主导力量将愈加倾斜，不利于经济均衡发展与金融市场风险控制。美元特性愈加增强影响力与主导性。

三、加强定义准确的我国货币顺序与专业

我国人民币自由兑换的战略步骤正在紧锣密鼓地实施，其基点依然应为实体经济的逐渐强大和金融市场的进一步健全。发展实体经济是货币与黄金作用发威的核心要素。例如：美国经济如此之好，美国储备着全球最多的黄金，美元又是独一无二的霸权货币，但其依然重视黄金储备与交易。这对于正在自由化的货币体是一个很重要的启示与参照。我国人民币伴随强势美元的实力与势力呈现出违背自己意愿的走势与趋势，并不是我国经济实际需要，更多顺应外部要求。美元强弱与人民币升贬并无直接的关联，经济信心和市场心理主导的技术调整和策略运用才是关键。

人民币国际化是我国目前舆论的热点与市场追求的焦点，但是似乎与国际经验教训比较有所欠妥。尤其是面对美元霸权进一步强化，其势力范围的扩张与金融市场的扩大是前所未有的，我们并不应该针对其攻击目标设计语言与方案，而应从自己的实际需要考虑切入路径与方法。一方面是欧元区

谭/雅/玲/锐/评
人民币短期与长期升值应如何看待？

域化与美元全球化冲突严重，目前我们能够看到的是欧元不利因素的增多，欧元负面压力的增大，甚至欧元可能消失的前景。因为美元全球化的定义与定位十分准确，包括美联储货币政策的对接更加具有实际进展和作用。欧元区域化是美元不能接受的，所以值得思考我国人民币的定语并不是以国际化展开，尤其不是以海外市场为主，反之就不利于我们自己的发展与保护，或将进一步加剧国际矛盾和货币压力明显。因为我国目前定义的人民币国际化与美元正在实施的全球化是矛盾和对立的，而实际上我们最终追求的货币目标就是货币的自由兑换与货币储备地位的认可，所以没有必要高喊"人民币国际化"，而应具体化人民币自由兑换路径和国际储备地位资格足矣，其中黄金储备是一个必要的条件与基础。

货币自由化的基本路径应为先本土后海外、先在岸后离岸、先国内后国际这一基本流程。然而当前我国货币自由化流程则着重于海外，只注意规模和工具方式，忽略质量、技术和战略设计，进而风险是在加大，尤其是市场不足的风险、机制低效的风险、产品单边的风险、技术经验不够的风险等十分突出。为此，我们应强化自由化进程的设计，加强基础工程要素的配置，以我国特色对接国际市场，并非以国际需求引入我国市场。目前防风险远比引进更加重要，黄金储备的实力基础是不容忽略的。

汇率的作用是为贸易保驾护航

(2011年12月5日)

> 汇率的基点成为贸易博弈和经济竞争的焦点,但是汇率与贸易的基础条件和环境已经截然不同。汇率与贸易问题的梳理需要从自身战略定义和国际战略远见基点和高度综合论证,全面把握我国自己的需要和外部的需求。

国际贸易的发展与发达促成和产生新经济时代和新金融格局,汇率的基点成为贸易博弈和经济竞争的焦点,但是汇率与贸易的基础条件和环境已经截然不同。汇率与贸易问题的梳理需要从自身战略定义和国际战略远见基点和高度综合论证,全面把握我们自己的需要和外部的需求。

谭/雅/玲/锐/评
人民币短期与长期升值应如何看待？

一、贸易格局的变化与金融格局的换位值得研究

全球贸易格局的变化在于发达国家的垄断性更加集中和突出，无论从过去到现在，发达国家从数量垄断转向质量、技术和产业垄断，从结构垄断转向流通环节、流程分布以及产业组合垄断。贸易格局的垄断转入金融格局的垄断。金融体系和制度以价值体系和报价体系以及分配体制和特权体制进一步完善而强化。发展中国家拥有的依然是数量，加上速度的概念，进而产生较大的竞争力和影响力，但实际能力和水平依然处于被控制和被分配及被垄断之中。发达国家的实力依然很强，垄断性和掠夺性进一步细化和量化到产业分工和布局。金融格局的新局面使贸易格局的传统性和规模性继续被控制和主宰。

贸易本身是一国经济内部事务，尽管其涉及双边或多边的概念，但国内是基础，这并未改变，所不同的是经济全球化使这一概念的推卸或责难增多，实际上的循环在发生错位和错乱，本质原因在于金融危机的混乱和复杂。

美国的高端发达超越全球，金融危机前所未有。经济全球化使世界经济和国际金融发生实质性的变化，更使金融危机发生变异，金融危机的概念、形式及状况和影响都有极大的变化，传统金融危机与现代金融危机的比较分析是应对未来金融危机的重要基础和关键环节。由美国次级按揭贷款演变乃升级的次级债券风暴最终被界定为金融危机（笔者称为

第一章 人民币汇率变化取决于内生还是外延？

新型金融危机），进而国际舆论也称为"百年不遇、前所未有的金融危机"。其独特之处在于控制力的效果和战略。无论从金融价格，到金融机构，以及金融政策都没有达到与当年发展中国家，甚至发达国家所经历的金融危机的局面，即金融市场价格指标反常于传统金融危机的股票和汇率同跌或暴跌，新型金融危机呈现的是一涨一跌；金融机构数量的问题概念是少数有问题、个别倒闭和破产，因为美国的金融规模和数量是超量的，而在倒闭、破产中存有争论和不确定性；金融政策指标的影响作用进一步强化，美联储已经超出国家作用，而成为全球具有重要影响，甚至是全球化的中央银行，美联储政策引领达到前所未有，美元覆盖率空前超强。透过金融价格、金融机构和金融政策考量金融危机，美国既没有达到金融危机，更没有失控或达到不可抑制的状况，无论价格、机构、政策，也无论国别、国际及全球都具有组合性特色存在，包括市场价格差异组合、机构国内外组合及国家针对性组合，独特金融危机带来的不是眼前风险，而是未来的风险。从当前世界经济的角度看，经济全球化使金融危机演变也十分突出，而世界缺少这种特色和特征的观察，只局限在金融危机的概念，但却严重误判风险所在，不利于世界各国的自主和有效发展。美国作为"全世界最没钱的国家"，即有巨额的财政赤字、高额的贸易赤字，但却因为其独特的美元体制和结构，为自己造钱、为全球发钱创造了条件和环

谭/雅/玲/锐/评
人民币短期与长期升值应如何看待?

境。美元需求是美国国家利益的核心。美国在调动全世界的财富、垄断全世界的财富、重新分配全世界的财富。从负债的角度，美元超价值，从债权的角度，美元也超价值，但是美元运行却自如、自主和自我，在创造风险与化解风险中应对自己和控制全球，这是美元特有的特权、霸权和强权。

过去国际金融市场所经历过的金融危机最为突出的表现是一个国家的股票和汇率价格同时下跌，两种指标下跌不可节制和控制，同时还会导致国际资本快速撤离这个国家，国家信用面临危机乃至挑战。当年的"亚洲四小龙"因为金融危机消失，当年的墨西哥金融危机失去世界银行和国际货币基金组织的"样板国"的典范美誉，当年俄罗斯的金融危机使其失去转轨国家成功的世界影响力。然而，自2007年延续至今的所谓"美国金融危机"，包括西方国家的金融危机概念，他们发达国家的地位依旧，他们面对灾害的国家品质和百姓生活水准依旧。美国有危机的概念，美元的地位是恢复和提升了，而不是弱化和下降了。12年前国际货币体制定位三足鼎立，如今国际货币体制是美元一只独霸在恢复。欧洲有危机的概念，但欧洲单一国家的定位依然是发达国家，德国、法国、意大利依然是7国包括20国集团的核心国家。日本有危机的概念，日本更经历了严重的自然灾害，大地震冲击后的日本灾民救助好于我国等发展中国家的救助环境和条件。日本家庭救助两室一厅，里面配置是洗衣机、冰箱、彩电、烤箱、沙发、浴缸等高级享受品,而我们只有一间屋子生存状态的物质保障,一家一屋,里面设备是桌子、板凳、床,解决的是生存。全球金融危机,尤其是美国金融危机却与过去历次金融危机具有明显的不同。其中最为突出的表现是,发生所谓"金融危机"的国家的货币不是在贬值,而是在持续升值和保持稳定,投资信心指数不是下降,而是吸纳更多的资本流入。如美国金融市场在发生全球认知的金融危机时期,美国股市不断下跌,道琼斯指数从2007年10月的14000点下跌到10多年前的低水平6500余点,而美元汇率则从同期的72点上升到89点;同时美国的单月资本流入从百亿美元增加到千亿美元。特别是从2008年9月16日以美国投行雷曼所谓"破产事件"开始,全球金融风暴进入第二个高潮,全球金融市场和资源市场价格进入全面且新一轮跌势,然而此时美国资本流入却达到前所未有的1480亿美元,随后10月份增加到2800亿美元,这是到目前为止任何一个金融危机国家所不能有的独特的价格搭配和把握。美国依据自身经济和金融信心、心理和实际状况,运用美国独有的美元报价体系、美元独霸的货币机制及美国金融的实力规模,主动调整和调控自我阶段需求和自我风险控制。美国与昔日相比不可能做到一荣俱荣,但是美国却有效地防止了自我一损俱损。美国经济因"金融风暴"发生了严重问题,而这一严重问题是在美国政府与政策控制力之内,而不是失控。美国所谓金

谭/雅/玲/锐/评
人民币短期与长期升值应如何看待?

融危机的价格选择是美国战略的体现,是自我控制力的效率。美国的过于自我获得利益需求和结构调节、有效保护自己和谋略他人、长远勾画价值和制度改革。

美国就是运用美元汇率调节了美国贸易不均衡,有礼有节地消化了贸易逆差的不平衡,金融危机在改变自己的贸易结构和经济均衡,而非传统金融危机的经济破坏和金融伤害。

二、我国贸易的纠结与金融效率的不足明显存在

我国的贸易问题是国内一个很悠久的热门话题,大概从1997年亚洲金融危机就是一个焦点,时至今日,我们应该没有太大的改变和改观,贸易的问题依然停留在数量概念,而缺少品质型和品牌性的贸易状态和格局,外部对我国贸易的选择是一个数量概念的可有可无,而不是一个质量和品质的必需。中国和世界已经经历了美国独特金融危机的过程,全球面对美元贬值和人民币升值的局面,中国的竞争优势被削弱,遍及美国的中国制造已经转变为印度制造、越南制造和墨西哥制造。美国名牌耐克制造基地原来在中国,现已转移至越南,中国与越南品质相同,价格不同,进而美国可以重新选择价格,中国别无选择,只能被承受、被虐待和被煎熬。中国的贸易利润被瓜分和分割,中国经济基础在恶化和被动,因为人民币在升值,一直在升值,中国的竞争优势,即数量和速度的效率被冲击和被破坏。《华尔街日报》的评论认为,因为中国输往美国的商品量的激增远远多于美国从其他低工

第一章 人民币汇率变化取决于内生还是外延？

资国家进口商品的增量，所以研究人员重点关注中国输美商品。他们研究了722个县域集群，每个集群由相互关联的县组成，范围覆盖全美。一些地区更容易受到中国的影响，因为他们制造的小家电等商品正是进口量激增的中国输美商品。他们所列举的数据发生在2000—2007年，然而这种过期的数据并不能代表当今，实际上中国的贸易状况及美国上述情况已经发生很大的变化，尤其是中国，贸易顺差在大量减少，贸易逆差也出现了，这种数据和论点脱离事实和真实，完全是一种不负责任的道听途说和混淆是非。美国的舆论，包括美国部分议员和政治家都看到了这样的结果，明白汇率原理的基本道理，尤其是懂得此时的人民币升值对中国的政治结果，进而此时、此阶段推出人民币再升值，为打击中国竞争力而来，中国应该清醒这种对策核心，采取保护自己的态度、立场和认知。美国的人民币升值论不仅不利于中美两国战略伙伴关系的良性推进，更不利于中美经济的有效调整与合作。

《中国对外贸易形势报告》认为，中国外贸传统比较优势依然存在，新的竞争优势逐步形成，企业抵御风险、拓展市场和创新发展能力在金融危机之后明显增强。但是成本上升、利润下降，导致企业有单不敢接、不愿接，也将加大结构调整难度。美国国家战略规划实施的我国人民币升值论，并不是一个简单的价格诉求，而是美国国家利益的需要。美国参议院的人民币升值法案引起市场轩然大波，舆论炒作沸

谭/雅/玲/锐/评
人民币短期与长期升值应如何看待？

沸扬扬，但是其关键点并未引起高度关注，尤其是自己的缺失和过错并未引起警觉和思考，这是一个严重误区和误导，需要我们拨乱反正，梳理和整理我们思考问题的思路和改革结构的效率。美国参议院的议案是一个新闻事件，值得高度关注，但这个事件缺少新闻的真实性，进而需要我们充分、务实和自我需求的综合论证和全面梳理，而不能凭借想象力，甚至是人为引起恐慌，从而促进我们对事件的有效把握和自我保护。

首先，美国参议院议案的关键是打击我们的竞争力。美国要求的核心是强迫人民币升值，这不仅不利于中美两国战略伙伴关系的良性推进，更不利于中美经济的有效调整和合作，尤其是严重违背了国际关系准则和国际对等原则。我国人民币至今是一个国家主权的本币模式，并未实现自由化和国际化的程度，尤其是面对美元，一个国际化程度很高的主导货币，甚至是一个全球的主宰货币，给予人民币的议案是不合理的。而我国目前不仅没有实现货币的自由化、市场化，更没有完全市场经济的定位，全球目前有80多个国家和地区承认了我国市场经济的地位，但绝大多数尚未认可，尤其是美国、欧洲、日本三大经济体没有认可，美国完全没有理由要求我国的货币升值，人民币被低估并没有论据和理由。我国并没有充分的市场资质和条件，货币汇率的改革并不能完全对接国际，尤其是高端发达国家的货币水平。更何况高端

第一章 人民币汇率变化取决于内生还是外延？

发达国家货币汇率有很强的自我性，甚至是自私性。我国货币汇率的水平不仅被绑架着，而且并不能有效保护自己的经济诉求和需求。我们的经济结构面临着投资降温、消费不起及贸易萎缩的状况，此时的人民币升值将会进一步打击我们经济的景气和恢复。因为我们已经经历了美国金融危机的过程，我们面对美元贬值和人民币升值的局面，我们的竞争优势被削弱，遍及美国的"中国制造"已经转变为印度制造、越南制造和墨西哥制造，我们的贸易利润被瓜分和被分割，我们经济基础在恶化和被动。因为人民币在升值，一直在升值，我们的竞争优势，即数量和速度的效率被冲击和被破坏。美国的部分议员和政治家看到了这样的结果，明白汇率原理的基本道理，尤其是懂得此时的人民币升值对中国的政治结果，进而此时、此阶段推出人民币再升值，这是为打击我们竞争力而来，我们应该清醒这种对策核心，采取保护自己的态度、立场和认知。

其次，美国参议院议案的核心是维持美元的垄断力。美国关于人民币升值论的核心是为美元霸权服务。我国人民币汇改的核心是放弃单一钉住美元，新的汇率制度模式是参考一篮子货币，但是时至今日，我们的汇率制度改革难以推进，人民币参考一篮子货币制度是以口号和文件模式，没有实际内容和架构。因为美国政府和政治一直要求人民币升值，我国境内的外资金融机构一直预期人民币升值，我国货币汇率

谭/雅/玲/锐/评
人民币短期与长期升值应如何看待？

被舆论严重绑架着，没有自我的认识和把握，随从人民币升值预期而升值，盲从人民币价格而价格，投机人民币升值而升值，进而严重影响我们自己的进程和战略。外汇储备不能有效藏汇于民，外贸顺差不能有效保护经济发展，人民币价格问题是一种破坏力很强的舆论作用、预期作用和心理作用，甚至我们那些具有专家资质的人士会认为人民币贬值就是倒退，我们要有稳定的汇率等。这些完全脱离了市场基本常识和规律、经验。汇率没有稳定的，汇率每时每刻都在变动和波动，外汇市场波动最大，甚至是全球市场的"风向标"，美元从来没有稳定过，有上有下、有涨有跌，这是基本态势和规律。试看美元从2002年以来一直有贬值的策略，美元市场魅力失去了吗？美元依然是主导货币，美元一只独霸的国际货币制度有效回归，美国有金融危机的概念，美国国债在大量销售，全世界都在买进，中国大量持有，这是美元战略组合的结果，也是美元特殊地位和霸权影响的结局。所以美国推行人民币升值论很明白自己的意图，很清楚最终的结果，就是人民币的信誉和信用会因为经济下滑和竞争力下降而失去，人民币升值将不可持续；相反美元贬值却有效地改善了自己的结构压力、融资困境及市场地位，美元霸权将会延续和强化。

回想过去，无论哪一个国家的金融危机（除去当前独特的金融危机）都是由货币极端升值最终导致货币快速贬值，

第一章 人民币汇率变化取决于内生还是外延？

从而引发金融危机使得国家信誉彻底丧失，而这些发生金融危机的国家多为挑战了美元的货币地位和霸权心理。如泰国及东南亚金融危机使它们失去了"亚洲四小龙"的美誉，墨西哥金融危机使其失去了"国际货币基金组织改革的典范"的美誉。目前我国一方面货币信誉和信用较好，赢得了全球的信赖和持有，人民币是不能公开的外汇储备，难道不是在挑战和瓜分美元的份额和地位吗？美国针对我国汇改的状况，不断要求人民币升值，参议员的议案不是新花样，这一直是美国的利益诉求，其本意在于通过人民币升值削弱我国规模和速度的优势，打击人民币的影响力。事实上我们已经面临这样的局面，贸易顺差在减少，贸易利润在缩水，投机因素在加大，经济速度在下滑，实体经济在萎缩，我们很多原因在于汇率单边升值，极端的升值。然而，这并不是我国的愿望和立场，我们依然坚持主动、渐进和可控的汇改原则，但是我们缺少市场，包括产品、技术和专业，尤其是汇改透彻的框架和内涵，进而我们至今对自己的汇改是一团雾水。如市场舆论的中央银行定价，实际上我们已经并非央行定价，而是外汇做市商决定撮合制的人民币中间价水平形成，所以外资银行一直喊人民币升值，一直推广人民币升值预期，他们搞懂了我们的机制模式和循环心理，而我们并不清楚自己的改革，也没有有效地把握自己的改革，舆论炒作严重影响了改革效率和内容。美元的垄断里不仅体现于市场的力量占

谭/雅/玲/锐/评
人民币短期与长期升值应如何看待？

据，而且更着眼于舆论、心理和信心的全面覆盖，我们应该清醒汇率博弈的实际状况，强化具有实际效果的博弈焦点和重点。

最后，美国参议院议案的对策是我国改革的执行力。面对铺天盖地的人民币议案的舆论，我们并非只是关切这个法案的结果，甚至喧嚣中美贸易战。我们自己别乱了方寸，对舆论探讨的焦点词语需要理智面对。首先，我国政府的表态积极而有效。三大部委的对应表明我国对外经济交往的成熟性和主见性，这是我们对应美方议案的重要步骤。其次，我们舆论的焦点错位于实际的状况。所谓贸易战的调侃或舆论推进不利于我国的认识和识别。战争词语的基本概念是敌对双方交火，我们与美国是战略伙伴关系，是经济金融乃至贸易投资等诸多方面的互补关系、共赢战略，我们不能用贸易战对应这种议案。过于夸大的舆论论点不利于我们心理稳定和对外部实施的判断，应该准确把握定义和定论。再次，是我国贸易的实际问题是不容回避的。我们已经讨论和关注了二十余年我国贸易量大质低的问题，从1997年至今并没有本质的改变和有效的结构调整。面对西方独特的金融危机，至今我们依然纠结在贸易数量问题上。没有了订单、利润因汇率升值在减少、贸易品质低级等，我们应该考虑贸易层面的结构调整和产品升级，品牌和品质是我们贸易的致命弱点和"软肋"，我们需要的是改革和改进。美国及外部的对我国的

第一章 人民币汇率变化取决于内生还是外延？

贸易制裁和争端一直存在，并非是因为议案而出现，我们的评论不够务实和真实，人为制造紧张和恐慌。最后，则在于我们改革的执行力。目前美国的焦点是失业，但实际上美国失业率明显改善；我们的焦点是结构，但实际上我们的结构难有改观。美国以汇率说事也解决不了美国的问题，但却进一步加剧我国的结构扭曲，的确是损人又不利己。面对美国经济病灶，美国应该从自身内部寻求原因和改革，而非人民币升值可以解决。事实上，人民币汇改六年多对美元升值30%以上，但美国失业率在这期间从7%攀升至14%，随后美国政府费尽力气才将失业率降到9%。人民币汇率和美国就业率的关系并不那么简单，政治意义和压制中国竞争力是关键。而我们则在于严重缺少执行力。

我们的汇改在于严重缺少执行力。2005年，我们的汇改是改了一个价格，但更重要的是改了一个制度，即放弃单一钉住美元，确立参考一篮子货币的新机制。然而，我们的汇改时过6年，至今无论政府、市场或企业乃至投资者尚无参考一篮子货币的感觉和实际内容执行力，既没有权重配置，更没有政策指引，投资者一直直面美元单一钉住汇率，这是我们汇改的重大败笔，并非显示我们改革的成功。无论我们愿意或不愿意面对这一现实，我们的改革已经尴尬于这种改革纠结局面。因此，美国或西方发达国家，包括国际货币基金组织，恰恰是对我国改革的本质具有透彻的揣摩，并且明

谭/雅/玲/锐/评
人民币短期与长期升值应如何看待?

晰我国的能力水平,他们具有针对性地在借助我们改革的软肋和弱点,对我国汇率实施破坏性和冲击性的攻击对策,我们不能掉以轻心。

我国当年的汇改改了一个价格,人民币兑美元汇率一次性升值2.0%,从8.2765元上升到8.1100元;同时改了一个汇率制度的框架,即将单一钉住美元转向参考一篮子货币机制。现在6年过去了,我们只看到价格在不断升值,从未贬值,6年升值30.2%,期间只有2009年处于所谓的盘整年,汇率水平纠结在6.82~6.83元。回过头去看,人民币汇率的这种价格走势是因为外部驾驭的成功,而非内部需要或需求的基础,我们并不清楚我们汇率价格方向及汇率的诉求需要。因为2009年以后我国的经济金融状况是一个明显的向下阶段,甚至出现明显的纠结和扩大矛盾状态,而并非是我国经济金融品质提升的趋势。而此时的人民升值状况和预期进一步扩大,这对我国经济金融而言是一种打击和削弱,而非促进或提升。最有利的例证在于当年我国被美誉的"世界工厂"已经从我国概念转移至由墨西哥、印度和越南主宰,我国出口大国的地位已经逐渐被越南和印度所替代。再有就是过去我们到美国市场所看到的"中国制造"铺天盖地美国初级产品市场,打火机、冰箱贴、玩具、纺织品、鞋子、工艺装饰品等,绝大多数为中国制造,而今的美国市场则呈现印尼制造和越南制造的覆盖,众所周知的耐克鞋,过去是中国制造，而今美国已将其生产链从我国转向越南。可以说人民币单边升值严重影响和削弱了我国生产企业制造业海外竞争力。

因此，面对我国人民币汇率问题，我们焦点关注应该在于自身的改革和改变，而并非是简单舆论的炒作和焦点的论述，没有自我主见和主张的议论将会错乱自我，并不利于我们的有效把握和长期发展。从长期角度看，我国还是需要长远规划，包括人民币国际化进程需要有时间表，循序渐进应该分阶段和有步骤地推进。尤其是难点和焦点应该寻求有所突破，而不要喊口号多，实际内容和转变少。

三、贸易问题的焦点与国际金融的论点偏离定位

回过头去看，中国人民币汇率的这种价格走势是因为外部驾驭的成功，而非内部需要或需求的基础，中国并不清楚自己的汇率价格方向及汇率的诉求需要。因为2009年以后中国的经济金融状况是一个明显的向下阶段，甚至出现明显的纠结和扩大矛盾状态，并非是中国经济金融品质提升的趋势。而此时的人民升值状况和预期进一步扩大，这对中国经济金融而言是一种打击和削弱，而非促进或提升，尤其是针对中国贸易的打击更加严重，其实是有准备和规划的筹谋。最有利的例证在于当年中国被美誉的"世界工厂"已经从中国概念转移至墨西哥、印度和越南主宰，中国出口大国已经逐渐被越南和印度所替代。再有就是过去我们到美国市场所看到的中国制造铺天盖地美国初级产品市场，打火机、冰箱贴、玩具、纺织品、鞋子、工艺装饰品等，绝大多数为中国制造，而今的美国市场则呈现印尼制造和越南制造的覆盖。

美国在利用和掠夺乃至垄断全球资源，但却严重忽略自身的配置和协调，美国内部自身的问题强行于中国的发展与价格因素，埋怨别人发展得太快，这种强盗逻辑的思维既不利于自己的发展与改革，也强制了别人的发展与改革，这是一个双输的对策。美国内生性的问题期待中国外需是一种想象力的对策和要求。市场焦点关注应该在于货币国自身的改革和改变，并非是简单舆论的炒作和焦点的论述，没有自我主见和主张的议论将会错乱自我，并不利于各自的有效把握和长期发展。从长期角度看，中国还是需要长远规划，包括人民币国际化进程需要有时间表，循序渐进应该分阶段和有步骤地推进。尤其是难点和焦点应该寻求有所突破，而不要喊口号多，实际内容和转变少。

中美之间的优势互补是双方长年努力的结果和结晶，使我们找到两国之间巨大差异之下的合作发展框架。中国货物的供给来源于中国产业基础条件和市场基础配置状况，更来源和受制于美国全球化产量和分工布局。因为美国经济发展历史进程优于和先于全球，美国发达经验和制度富于和强于全球，美国拥有全球行业和产业的绝对优势、绝对垄断，所以他们可以占据全球产业分工和布局的制高点。得了便宜又

第一章 人民币汇率变化取决于内生还是外延？

卖乖，这种战略和策略的原因出于自私自利的霸权意识和垄断要素，进而对中国人民币是一种不公平的和不平等的待遇。众所周知，美元是主导货币和霸权货币，美元货币的资质与全世界有差别，进而美元贬值与全球货币升值直接对接，全球货币受制于美元。然而，中国人民币则截然不同。中国人民币至今是一个国家主权的本币模式，并未实现自由化和国际化的程度。

尤其是面对美元，一个国际化程度很高的主导货币，甚至是一个全球的主宰货币，给予人民币的议案是不合理的。我国目前不仅没有实现货币的自由化、市场化，更没有完全市场经济的定位，全球目前有80多个国家和地区承认了我国市场经济的地位，但绝大多数尚未认可，尤其是没有被美国、欧洲、日本三大经济体认可，美国完全没有理由要求我国的货币升值，人民币被低估并没有论据和理由。我国并没有充分的市场资质和条件，货币汇率的改革并不能完全对接国际，尤其是高端发达国家的货币水平。更何况高端发达国家货币汇率有很强的自我性，甚至是自私性，中国货币汇率的水平不仅被绑架着，而且并不能有效保护自己的经济诉求和需求。中国经济结构面临投资降温、消费不起及贸易萎缩的状况，此时的人民币升值将会进一步打击中国经济的景气和恢复。其实，美国人自己也清楚自己的行为并不合法和合理，这是一种违反国际惯例的做法。一国经济主权和他国经济干预需

谭/雅/玲/锐/评
人民币短期与长期升值应如何看待？

要遵循多边机构的原则和框架，不能凌驾和超越准则实施霸权国家的意志，这样做不仅不利于自身形象和作用的发挥，而且也破坏了世界的平静和平等，美方应该三思而行。

美国是世界上最大的国家，其不仅具有实力，而且还具有势力，其实力和势力的发挥应该促进世界的均衡与和谐发展，而不是制造矛盾和扩大矛盾，不利于世界的发展和发达。中国尚不具备世界经济的巨大期待和期望基础，但中国愿意尽其所能，以信用和信誉践行金融责任和义务，促进全球的发展。希望中美双方共进、共赢，为世界贡献各自的能量和责任。

第二章 汇率博弈的道与术在哪？

汇率的决定因素是规划和策略，并不是价格决定方向，而是策略设计决定价格，进而主见者会充分利用环境和舆论推进价格的诉求，并非是看价行事，而是划价谋略。

汇率博弈的战略长远与技术娴熟

(2012年12月5日)

> 汇率的决定因素是规划和策略,并不是价格决定方向,而是策略设计决定价格,进而主见者会充分利用环境和舆论推进价格的诉求,并非是看价行事,而是划价谋略。

近期国际外汇市场美元指数保持80点的维稳,并进一步下探到79点水平,但实际上美元利好突出,尤其是欧元负面压力扩大与加重,但是美元不涨、欧元快涨十分突出,进而值得市场分析思考,汇率的决定因素在哪里?

我们的分析往往以数据指标论证价格方向,接受价格的被动性、无奈性及低效性突出。美元指数今年以来的预期教

谭/雅/玲/锐/评
人民币短期与长期升值应如何看待？

训十分值得反思，去年年底与今年年初至今的预期一直是美元强力反弹，美元指数的 90~100 点预测至今难以实现，判断有误。其主要原因在汇率决定因素是规划和策略，并不是价格决定方向，而是策略设计决定价格，进而主见者会充分利用环境和舆论推进价格的诉求，并非是看价行事，而是划价谋略。所以美元指数走向是基于战略规划和策略运用更加突出，显而易见的是，欧洲两周来的问题集中而凸起，并且负面不乐观，问题相当严重，但是欧元不跌反涨，其中的策划是关键，而非事件是关键，如何梳理与思考的意义十分重要。当前外汇市场表现的奇特在于欧元区的问题不断扩散与恶化，但欧元汇率不跌反涨，尤其是美元指数一直稳定在 80 点水平，并进一步下跌 79 点，值得探讨和关注的是美元全年指标的调控与追求。外汇市场价格趋势具有较强的价格控制力，美元不变的区间显示其未来的价格意愿和方向，进而外汇市场最后一个月的价格区间变量不大，方向清晰。

1. 美国经济比较性优势促进美元贬值诉求

美国经济的稳定性依然清晰，无论是短期指标或长期预期依然保持较为稳定的复苏态势。目前对美国最后一个季度的经济预期依然为 1.6%~2% 的水准，显示美国经济今年状态稳定而乐观。尤其是美国企业的利润回报和竞争优势依然较好，进而即使美国经济指标上下错落，但美国股市的高涨依然具有较好的信心与支撑，美国道指和标普重新上涨到

第二章 汇率博弈的道与术在哪？

13000点和1400点，预示美国经济的乐观面。但是市场舆论最担忧的是美国财政悬崖，这是美国经济的长期问题，尤其是作为全球化和霸权载体的特殊性，权衡美国财政赤字压力超出国家范畴，更超出简单指标的界定。因此，美国经济基础是美元汇率的关键，但经济基础与汇率的反向调控性是美元汇率判断的新角度，美国经济向好不代表美元升值，相反或美元贬值更快速。

美国经济利好的作用充分对汇率的作用明显。美国经济数据更突出于今年第三季度的经济指标，实际的水平略低为2.7%，预计水平为2.8%，但这是2011年以来较高的一个水平，大大高出今年前两个季度的水平，进而使美元汇率具有更大的空间实施美元贬值策略和机会。美国经济增长的一个重要点在于贸易赤字缩小对经济的贡献度。因为出口增长步伐超过进口，这对经济增长的拉动是有效的。尽管从国际环境看，尤其是面对欧元区焦点的凸起，不利、恶化的局面严重，欧元却不跌反涨，其中美元的控制性更源于经济的作用与支持。美元汇率的调节已经脱离教科书的传统理论，汇率基础在于经济，反之美元却运用经济利好进一步实施美元贬值策略，以实现美元进一步的覆盖和垄断。同时美国经济基本面表现较好还在于其股市的高涨不断，道指与标普再次跃上13000点和1400点均表明美国企业支撑力的稳定，美国企业的竞争力来源于美元贬值的效应，市场有所忽略或解读不够，美国经济向好年内依然乐观。美元的政策导向正是运用美国经济力量的作用，恰到好处地控制与调节着与其他货币的价格走向，以进一步保驾护航美国经济的发展潜力与持续。作为汇率把握的决策者更需要考量新时代周期规律的新特色，运用好汇率，不要生搬硬套或简单照本宣科延误和误判自己的发展诉求和需要，汇率的作用很重要，但又很诡异。

2. 欧元区问题恶化不利于欧元协调发展

近期欧元的问题是焦点，并且令人十分担忧乃至恐慌，但是欧元价格走势完全背离这些舆论，欧元升值突出，欧元稳定明显。希腊问题是焦点，最终欧盟的讨论结果并未有实质性的突破，希腊也未有任何改变，但是欧元则完全可以稳定在1.27美元水准，并进一步上升到1.28—1.31美元水平，其中的价格决定因素十分明显，而这种决定因素的关键是对价格的经验丰富。货币升值与贬值的经济意义十分透彻，尤其是货币升值打击经济竞争力的结果历史无数，进而欧元可以扛住焦点问题和恶化局面，其中对手的淡定与主见起到关键作用。而此时的欧元升值并不利于欧元区问题的解决与处理，尤其是在欧元区经济竞争力逐渐丧失的背景下，再反反复复讨论其问题也无果。因为经济基础的脆弱甚至在分化，讨论解决问题的方案无出路更无统一。所以欧元区问题的处理是不对症的，甚至这种思路不是救助欧元，而是要彻底颠覆掉欧元。

第二章 汇率博弈的道与术在哪?

欧元价格可能被控制,明显的汇率操纵在于美元。目前欧元区的经济数据并不利于欧元走高,尤其是消费信心和投资信心进一步下降,生产和制造能力下滑,经济低迷与不景气的心态越来越沉重,这是因为美元货币政策的调控力起着更重要的决定性的作用,而非欧元自己价格的愿望与需求。两周来关于希腊问题的关注并未有实质性的结果,尽管协议达成了缓冲,但并不能解决眼前紧迫的改革发展与经济需要,只是在将希腊问题拖延,无实质性的效果。此时欧元不跌反涨,其中的决定因素在哪儿才是更值得关注与研究的角度。汇率与经济的关联完全背离,尤其是此时的欧元升值不仅不会促进欧元区问题的消化,却更加恶化欧元区问题的积重难返,经济不好、财政扩大、债务恶化,这些对欧元实质性的伤害乃破坏将更加严重。

尤其是未来欧洲央行的货币利率调控将十分纠结与艰难,欧元汇率的水平将远远背离欧元区经济基础要素。一方面,面对经济的负增长,欧元降息将会需要考量;但另一方面,欧元区债务及财政压力,尤其是解救欧洲债务的对策将会受到进一步的冲击和抵销,加息对策的应对难以实施。因此,根据欧洲央行的分析观察,欧元区的矛盾面很严重。近期欧元区经济仍处于疲软,区域内通胀水平被控制在低位,并将在明年进一步降至2%以下,但不确定性很大,所以降息可进一步提振市场信心,维持经济稳定。然而,欧洲央行仍然

谭/雅/玲/锐/评
人民币短期与长期升值应如何看待？

选择按兵不动。因为如果继续降息将会使欧洲央行拟进行的国债收购措施效果打折扣。欧洲央行新推出的债务收购措施将能够使之对主权债务市场进行无限制的干预，并可以有效遏制欧元区解体风险，因此，西班牙等国应及时求援换取购债救市行动的启动，而不应该再拖下去。尤其是目前欧元区经济减速的状况已经严重影响着德国的经济前景。当前的数据显示德国这一欧洲最大的经济体已不再是欧债危机中的"安全岛"。而此前在很长一段时间内，德国确实没有受到那些持续困扰着欧元区其他国家的经济与财政债务问题的影响，然而，随着危机的不断深化和蔓延，上述负面经济状况已经逐步开始对德国经济造成不可忽视的影响。目前欧元汇率水平并不适合欧元经济基础或政策需求，两难局面难以定夺利率与汇率前途。

3. 日本经济问题需要日元汇率作用发挥

日元汇率的向下十分明显，而这种汇率十分适宜当前日本经济结构和经济出路，汇率的贬值或许对日本经济的利益需求很有利。奇怪的是，日元在自己经济不景气中却呈现日元升值，这中间的国际合作意义更重要，并非是自己经济基础的需求。日元汇率的走向一方面需要应和本国的经济利益，另一方面更需要国际合作，尤其是应和美元战略与策略的原则更明显。日元虽然不能直接影响欧元价格，但却会给欧元成员国带来分化，经济差异的分化与日元升值有关，而欧元区经济分化顺应美元战略诉求,进而日元的升值与贬值并非以本土需要为主,而是以国际合作为主。目前的日元升值更多是国内因素需要。日元基础因素决定性凸起,日元近期表现一反常态,升值阶段的暂时结束具有很多关联因素和未来的征兆。一方面,是日本内部经济的实际需求所致,毕竟出口对当前日本经济意义很重要,钓鱼岛问题导致的日本产业局部萎缩,此时的日元贬值更具战略协同的意义,尤其是救助日本经济的含义更多;另一方面,国际主要货币的博弈处于关键时期,但结果前景已经有所清晰,日元升值的国际援助和合作使命暂时性突出,有松有驰的灵活调节十分有利于自己的需要,但却加大外部判断的困惑,一箭双雕的策略选择更巧妙于市场状况与前景。为此,如何判断日元前景更加扑朔迷离和错综复杂。

目前日本企业对经济预期较乐观,随着经济疲软越来越明显,日本央行将继续受到加强经济刺激的压力。日本经济之前可能已进入衰退,受灾后重建强劲开支推动,日本经济上半年跑赢多数7国集团国家,但目前由于外部需求疲弱和日元走强,预计下半年日本经济增长将停滞。另外,还有石油价格的扑朔迷离及政治态势的错综复杂,进而金融市场不确定因素的增多,使得价格基础要素的复杂难以研判与预期,关联点的透彻力面临挑战。

预计美元贬值将继续寻求机会和条件,美元兑欧元汇率

谭/雅/玲/锐/评
人民币短期与长期升值应如何看待?

的水平将会保持目前状态,甚至进一步贬值,即使欧元有跌,但最终年内的水平基准不会有太大的变化。其他货币依然是被组合和被规划,各自经济特色与市场权衡两面性将是汇率变化随从美元主线调节。

关于汇率的风险识别的缺失及对策思考

(2010年10月15日)

> 当务之急还在于我们应该打消人民币升值预期,引导舆论理性认识人民币合理价格,毕竟我国是一个发展中国家,市场体系的健全和完善存在明显不足,我国人民币合理性有待进一步论证,而非西方舆论的低估论。

面对国内外市场的关于汇率的焦点话题和热点关注,舆论和认知上的表面化、简单化和非专业化已经导致论点偏颇和延误时机和错位改革效率。因此,我们对人民币汇率的自我状态的判断局限在进步和改革表面,我们对美国连接的美元等外部问题的关注偏重于问题和矛盾,进而使我们的策略

谭/雅/玲/锐/评
人民币短期与长期升值应如何看待？

和对策出现偏差，即没有抓住我们的机会实施有效的改革，也没有有效对应外部环境的变化，把握好我国的地位和作用的提升和提高。

所以我国当前市场应对在于风险要素错位，市场的关键在于识别风险出现了问题，谈及风险应对和防范没有根基，缺少有效判断和评估。

一、对当前形势的评论不对等

以美国为首的西方国家的金融危机十分诡异，因为其超出传统金融危机的许多表现和结局，金融危机的恐吓性和冲击力在当今的西方世界并没有当年的发展中国家那么惨痛和恶劣的局面。它们一方面面临较大的困局和风险，另一方面则得到很多利益和收获，并非当年发展中国家一损俱损，目前则得到的损益各半，甚至收益大于损失，其原因在于这些国家的经济金融存量、实力。但是市场的焦点则集中在它们的发展速度，因为有了金融危机的概念，它们的经济增长速度只有1%~2%，相反更多的发展中国家经济增长达到6%~9%，进而结论在于世界经济和国际金融的发展重心转向发展中国家，世界经济金融格局剧变。值得思考的在于：发达国家具有世界经济金融的巨额存量，实力巨大，即使他们有金融危机的定义，但是至今它们依然占到世界经济金融的60%以上，7国概念和第一并没有消失。我们能看到日本大地震的7国联手干预外汇市场，我们能够看到20国集团或世界银行、国际货币基金组织会议之前的7国首脑会议模式依然存在。西方世界的主宰没有消失，西方世界主导的实力和势力没有失去。目前世界经济金融力量权衡的焦点存在存量与增速的错位，并不能准确反映世界力量的较量，相反是在误导和诱导世界问题的处理和解决。西方借助舆论推卸责任，发展中国家被舆论强加责任。这种论点的混乱将会错乱市场的评论和定性，不利于形势的判断和评估，更不利于各自对策的把握和对应。对国内外经济金融形势的评论需要多元化、广泛性、综合性尤其是长远化。

二、对自己的判断的论点无根基

当前我国经济金融处于胶着期，复杂性和混乱性在扩大。市场焦点关注的论据并不与时俱进，或缺少市场根基的支持。根基的混乱在于超出规律、超出现实、超出真实。

1. 经济金融数量论潜藏不专业风险

我国从2005年汇率改革至今，市场焦点始终集中在数量概念和争论之中，比较突出就是外汇储备和热钱。7年时间的外汇储备增量不断扩大，结构和效率始终没有有效的解决。7年热钱概念不断扩大，数量隐忧难以消除，尤其是已经盲从到在我国没有开放的股市和资本市场有概念之中的热钱，超出我国经济金融体制现状的评论，这不仅说明热钱的规划性和策略性，更表明我们应对热钱的不专业化和短期行为。

谭/雅/玲/锐/评
人民币短期与长期升值应如何看待？

首先，是外汇储备的概念，这是一个数量问题的讨论，还是一个效率、结构和体制的改革思维十分重要。数量多吗？按照传统教科书和传统经济论据，我们过去与当前的外汇储备大大超标，这是一个风险，但是如果相对国际市场数量概念，恐怕我们并不多，而是不够，这也是一个风险，差异在哪里？因为仅国际外汇市场一天的数量规模就从1997年的1.2万亿～1.4万亿美元增加到目前的一天4万亿～5万亿美元规模，以此比较我国一年的数量并不够，而不是过多，相反目前的规模数量并不能有效对应可能出现的风险乃至危机。所以我国外汇储备的问题在于结构和效率，并不是反复议论数量的概念。我们特别值得思考的关键在于，这么多年的讨论并没有有效解决问题，反之是使数量和规模的矛盾和压力进一步扩大，我们应该用有限的外汇储备发挥对我国改革的促进，并不是一天到晚就数量谈论问题。体制、效率及结构问题是外汇储备的关键点，而非数量和规模的关注与讨论。

其次，是热钱的规模被渲染与数量关注，严重忽略特征和对策应对。热钱最大的特征在于针对问题炒作，并非是这个市场有魅力而出现投机选择。热钱是针对发展中国家和我国的技术不高端、专业不健全而来到这个市场，并非是发达国家经济有问题、发展中国家有魅力。从资金追逐利润的角度考量，美国和发达国家市场的产品数量和市场效率，投机中的热钱数量应该最多，他们的市场也有热钱，但我们却几乎听不到"热钱"的概念,这种极端的议论是在发展中国家囤积投机性风险,而不是在发展中国家有投资目标。我们讨论问题的侧重点和关键点不够专业会耽误很多时机和失去很多机会,并不是我们的发展只有潜力和机遇。以上论点的侧重是针对我们的偏好和喜好而来的策略,我们需要的是警惕,不仅仅是自己的优势或进步。

2. 经济金融价格论潜藏被绑架风险

我国人民币升值预期从汇改至今一直不断高涨,并且有进一步高涨的趋势,我国宏观调控的基础价格被严重绑架,这种价格预期是西方市场利益诉求,并不利于我国当前经济基础的需求,尤其是企业的状态。通过国际市场近三年的我国产业竞争力变化,我们应该看到人民币升值的负面冲击。虽然人民币升值有利有弊、利大于弊,但是我们目前已经是严重忽略弊端,人民币升值已经是一种伤害,并非是一种自我利益了。一方面,是我国企业的竞争力在下降,过去遍及世界,尤其是美国市场的中国制造已经由今天的印度制造、墨西哥制造和越南制造等所替代,人民币升值的成本因素已经使我国的企业国际竞争优势减弱,谈及企业转型太简单和单边了,完全忽略主动意义上效益。另一方面,是我们的思维惯性已经严重偏离国家货币自主定位和国家利益自我定性。我国人民币汇率的自我已经明显地被舆论绑架,被预期垄断。简单的想象回忆当年我国股市上涨的时间和状态,目前我国人民币汇率状态与当年股市非常雷同，十分相似，我国人民币未来风险路径值得警惕。

3. 经济金融预期性潜藏不理智风险

当前我国宏观调控处于艰难时期和复杂状态。其艰难性在于结构矛盾和压力突出，城乡错位、国有中小企业错位、收入和投资错位及幸福指标错位等，我国处于不够理智阶段。一方面，是我国超越和跨越经济规律明显。产业链的发达程度并未遵循国际和市场规律，也严重超越我国国情状况，农业不足是我工业产业过剩、效率不足和品质不优的关键。因此我们的思维方式是避重就轻，谈论宏观经济落脚"三驾马车"的经济概念，严重偏离经济轨道发展规律，进而并没有针对性和有效性地改进和改革。我们以人口的大调动和大转移替代地域和区域的转变和改革，使我国幸福指数的落脚点过于偏颇，高度集中物质享受过程，严重忽略精神、文化和道德建设发展，进而宏观调控的失控首先体现在意识。面对我国宏观调控的转变，市场认知的是下降和收缩，进而对政策态度认识不足，严重缺失资金和投资。另一方面，是我国状态的扩张混淆了真实。理智地思考和回顾我们的投入，完全是超量和极端地扩张性推进，我们的现状是失去真实判断力，进而对政策理解处于失真状态，宏观调控的效果艰难。

其复杂性在于专业基础不足，金融跨越式和错落交替发展并没有解决实质和本质的问题，相反在循环错落过程中放

第二章 汇率博弈的道与术在哪？

大了矛盾和加剧了压力。利率市场化是一个关键点，但是我们的进度是知难而退，而不是迎难而上，进而带来一系列的问题，包括市场价格配置、机构结构配置及产品回报配置，尤其是汇率缺少根基参数，进而汇率改革也停留在表面，难以从制度上完善和健全。特别值得关注的是我国人民币汇率发展变化之"诡异"，焦点在2009年我国人民币汇率长达一年的盘整性，人民币价格处于6.82~6.83元，价格的变化不大，为何仅升值0.09%？现在看来是为当前的人民币再升值需求和基础技术做铺垫，人民币2009年的盘整带来去年至今的人民币再度快速升值。美元依然是主导货币，是当今最有能量的货币，也是最具技术性和娴熟性的货币。因此，我国人民币也不可逃脱这种绑架和设计。所以在探讨我国金融许多问题时需要专业性的论证，而不是简单对策和措施的推进。我国人民币国际结算的错觉在于升值预期，我国人民币国际结算的错位在于美元定价，我国人民币国际结算的错行在于贸易逆差。我们的论点和关注应该着眼于我国的实际状况和金融专业的规范和规律，尤其是现实的状况。

面对错综复杂的外部高端和高级阶段的市场形势，我们应该强化国情特色的对接和自我状况衔接，而不是简单盲从地追随和随从。市场经济我们走过了"摸着石头过河"阶段，金融市场我们不能继续借用"摸着石头过河"的论点，而应该转变为"捡起石头"找到自己的方向和目标，使我们

谭/雅/玲/锐/评
人民币短期与长期升值应如何看待？

的金融工具成为为经济保驾护航的保全和保障性的政策工具。

尤其是结合到人民币和美元的比较，美元拥有制度效率的根基保障，美元市场份额绝对优势无法改变，美元无法替代。我国人民币缺少的是制度保障体制，仅靠我们对策的数量规模将不仅不会实现人民币目标，简单或短期的人民币国际化判断不是在进步，反之是在囤积人民币的风险，不利于经济稳定，不利于人民币价格均衡与合理把握。这是需要认真论证和全面、长期规划的。

面对这种局面，笔者有一些自我多年观察的论点和建议。

第一，对于国际舆论的人民币升值评论过于单边。实际上目前国内外市场，尤其是国际市场关于人民币升值的话题有两种观点，一种观点是人民币升值必须加快，人民币被低估；另一种观点则认为，人民币并不能用升值解决自己的问题和世界的问题，人民币升值救不了美国，也救不了世界，更救不了中国自己。面对国际舆论的争论和两面性的论述，我国焦点关注在于人民币升值舆论，而严重忽略人民币不应该升值的舆论影响，自我偏颇的舆论引导不利于自身的有效把握和认识。回想我国人民币汇率改革至今5年的升值幅度已经达到22%，目前我国所有汇率改革关注的焦点都与人民币升值密切关联，甚至受到严重冲击。一方面是外汇储备增加难以抑制，人民币升值状况与预期直接导致外汇储备增加和扩大，不利于资金效率的有效运用和合理配置；另一方面是外贸顺差及紧密连接人民币升值，又脱离人民币升值，人民币升值并不是有效解决贸易数据的关键，相反贸易数量和规模乃至外贸竞争力则受到冲击，人民币升值直接冲击企业和伤害企业十分明显。这些都说明人民币升值是一个复杂的综合关联，并非单边舆论，或单边论点可以解决全部问题。

近日人民币升值引起的关注突出，然而如果放置国际外汇市场价格规律和周期因素则是平常态势。国际外汇市场主要货币汇率变化是一种常态，几百点的变化规律是市场正常现象和基本规律，而通常国际外汇市场的价格敏感在于小数点前一位数，或小数点后的前两位数，这是一个正常的波动区间。我国人民币近日出现小数点后的后两位数的变化，100~200点的变化并非超出常规，然而国内外的舆论则出现对人民币加快升值和扩大升值的关注，这一方面脱离国际外汇市场规律性，另一方面则加剧了对人民币的敏感度，实际上是人民币升值压力扩大，而非减弱。因为人民币升值被误解为正常现象，而人民币贬值则被认为是不正常现象，这样的认知将严重不利于我国竞争力和利润收益，相反对于已经出现稳定和恢复性的经济和贸易将预示伤害和冲击。

第二，对于国际积聚货币战争的焦点关注过于夸大。首先，需要明确的是外汇市场汇率的波动是一种常态，尤其是伴随新型金融危机的出现，外汇市场的交易规模在扩大，每天交易量的规模已经从过去的1.2万亿~1.4万亿美元已经上

谭/雅/玲/锐/评
人民币短期与长期升值应如何看待？

升到4万亿～5万亿美元的现状。如此规模的超大交易量带来国际主要货币汇率的交易波动区间从年度的1500点转变为单月和单周的1500点波动幅度。货币汇率的上下波动在扩大，而上下波动是正常市场行为。尤其是全球所有货币波动难以逃脱美元主线的作用力和影响力，目前全球货币战争主因在于美元贬值，进而出现各国货币升值压力和干预对策，目标十分明确，原因非常清晰，关键点在于面对市场事实，而全球却在回避主要矛盾，不敢对应美元贬值矛盾，不敢对抗美元贬值压力，进而出现相互攻击货币混战局面。如欧元升值是因为美元贬值，而欧元将罪责指向人民币升值；巴西雷亚尔升值是因为美元贬值，而巴西也指责人民币升值；我国人民币升值是因为美元贬值，我国人民币是受害者，欧元和巴西雷亚尔都是受害者。而全球概念的货币战争，其实主因都在于美元是罪魁祸首，而受害者不敢或不愿也无法面对美元，进而出现相互攻击和指责。货币战争脱离事实和真实，甚至不顾事实和立场，这是需要审慎论证和严肃面对的。而货币战争概念并非是一种新现象，伴随欧元问世11年，甚至欧元没有启动之前，全球货币战争一直没有停止，无形博弈的战争形态始终存在，当前的舆论只是一种进一步的全球调动和调侃而已，被夸大是有需求和有目的的，值得深刻思考和论证。

这场货币战争是伴随新型金融危机生成，其根源在于新型金融危机始发者的规划和战略。而货币战争的起源并非是

第二章 汇率博弈的道与术在哪？

当前，早在 11 年之前的 1999 年欧元出台，以及 2002 年美元贬值策略推出，尤其是 2007 年美国"次贷风暴"开始，货币战争的硝烟就开始蔓延和扩散。无论经济问题、军事问题及地缘冲突等国际焦点都始终没有脱离货币博弈的焦点。1999 年的科索沃战争是货币背景而发。欧元出台触动美元霸权神经，进而呈现欧元出台前后的国际舆论和竞争局面的错综复杂，最终结果是导致欧元区合作指标开始超标，欧元合作面临越来越多的问题和压力，甚至有爆发金融危机的可能，欧元崩溃论并非是渲染和舆论炒作，欧元危机难以避免。2003 年的伊拉克战争是因为石油问题而起，随后的伊朗问题加剧紧张局面，最终伊朗放弃了美元报价制度和储备格局，美元以价值调整和价格控制使伊朗从买欧元卖美元主动调整到卖欧元买美元，难以逃脱美元价格和价值控制，牵强地抗拒美元最终导致自我伤害。截至目前，凡是与美元形成竞争和对抗的货币经济体都因为美元升值或贬值带来这些货币价格和价值的巨大冲击和打击，唯有我国人民币岿然不动，并且成为世界经济的支撑力量，对世界经济的贡献度和稳定意义十分突出。我国人民币成为焦点与我国努力有关，与国际竞争力有关，更与西方一些国家的国家利益有关，并非是人民币能够争夺什么或破坏什么，而是挑战性极大、信誉度极佳及依赖性扩大。而国内外舆论识别和判断则十分混乱，混乱中失去真实判断和事实识别。

第三，对于各国货币汇率干预焦点的定义过于偏颇。各国货币汇率的基本原则是保护本国利益和企业，而非为他国货币利益服务。尽管货币汇率涉及双边和多变利益关联，但是货币原则本身是保全自己。美元正是基于这样的原则采取新型金融危机初期的升值对策，以保全美元投资信心和市场心理需要，保护美元稳定意义突出。而在新型金融危机转入基本消化和缓解阶段，美元贬值显现，美元力图通过贬值保护其美国经济复苏进程和企业业绩，调整美国经济结构需要成为美元利益最大化的策略选择。美元无论升值或贬值都具有明确的自我需求，而全世界只能无奈地接受美元升值或贬值。目前全球的货币战争来自美元贬值，美元贬值是罪魁祸首。然而，面对这种结构和趋势，全球货币没有针对性和竞争性，相反只能接受或干预，自行消化，这样干预汇率是国家利益需要，是自我保护需要，但却受到指责，而罪责最大的导火索——美元却安然无恙，这是否有点可笑和滑稽，被愚弄和被绑架是否存在？

当前国际货币市场的焦点落在价格走势，实际价格因素的决定在于制度。美元之所以可以实现自己经济周期和政策规律需要的价格走向是因为美元有势力保护性，美元货币制度是形成美元价格走势的根基和基础。尤其是面对独特的新型金融危机，美元一只独霸是在回归和强化，而并非削弱或即将崩溃。美元不仅运用自我体系的垄断性，以及美元报价体系和美元发行制度的特权，同时借助国际货币体制主导规划战略筹谋，而且借助其他资产保全自我，具有长远设计和规划，黄金就是一个值得关注的美元战略筹码。美元与黄金价格正相关与反相关反复无常，黄金地位的战略意义是美元长远战略的有效设计，而非黄金本位回归和美元崩溃的理想化舆论炒作。尤其是美元在遵循规律和改变规律之间错乱周期和节奏，进而继续运用高端经验和强势制度垄断价格、运用规模效率控制规律、借助市场混乱改变规律，有效发挥美元独特和独到的地位和身份，以实现美元利益最大化，进而带来的实际结果是主导货币竞争格局未转变。10年前，美元一只独霸制度受到欧元出台的挑战，三足鼎立成为替代美元一只独霸的成功制度模式。10年后，3年新型金融危机之后的美元一只独霸重新定位于国际货币体制，欧洲自己也认为欧元出台没有想过替代美元，美元地位逐渐回归霸权是现实，而非市场简单议论的美元崩溃论和危机论。

第四，是对于国际金融理论与经验的认知过于炒作。独特的新型金融危机突出于舆论先导和引导，进而对于专业和高端的金融问题认知十分混乱，尤其是相当短期和简单认定明显。如我们过去认识的金融危机是受伤害和受冲击，而当今的金融危机可以从受伤害转变为伤害别人，从受冲击转嫁为冲击别人，进而呈现独特的金融危机收益性，及一只独霸的货币体制得到稳固，甚至出现回归趋势，美元霸权地位得到强化和扩展。欧元作为具有挑战美元的竞争力受到削弱和

谭/雅/玲/锐/评
人民币短期与长期升值应如何看待？

冲击，甚至未来欧元比美元有更严重的金融问题。俄罗斯作为实力和势力扩展的经济体，采取了持有欧元为第一位外汇储备的构架，展现欧洲合作扩展的局面，美国以美元升值策略压低石油价格，带来俄罗斯财富和资产价值的巨大损失和冲击。伊朗更是以简单对抗美元的方式，极端地放弃美元储备资产，采取极端的不用美元报价石油交易的对策，最终美国不用军事战争，而运用金融战全面打击和降低伊朗的实力和资源价值。包括我国人民币，虽然我国不是自由货币之列的人民币，美元却针对人民币价格规划市场技术，以人民币升值预期和实际走势控制和操纵人民币价格，挤压人民币财富空间和资产资源，削弱人民币竞争基础的产业实力，直接掠夺和瓜分人民币成果和财富。所有这些充满战争火药味和竞争利益性的货币博弈，最终是全球最大汇率操纵的嫌疑和祸根。全世界不仅没有针对这种举动采取对策，相反却回避矛盾主导方，形成混战局面，互相指责扩大矛盾和竞争，渔翁得利于错觉、错乱和错知。国内外金融市场舆论炒作推波助澜，严重混淆真实和事实，并且人为制造夸大矛盾，疏忽货币主体和主导的能量和影响。

面对国际舆论的货币战争，我们应依据事实和现实顺势而为，即美元是一只独霸的主导货币，货币势力和实力强劲而突出，但是我们必须告诫美元，势力和实力货币是要讲究责任和义务的，不顾别人的利益，只顾自己的升值和贬值不对等势力和实力货币地位，美元应增强承担风险的责任意识，成为真正意义上的实力和势力货币，为世界经济增长和国际金融稳定顾全大局。对此，国际货币制度改革也迫在眉睫，不合理的主导和超越国家权力的特权是需要重新用制度规范和约束的。其实美国也深知自己的不合理之处，进而在汇率操纵国定义上难以下手。今年前一次的汇率操纵国喧嚣从4月15日推出到7月8日，最终美国并没有将我国列入汇率操纵国。而目前美国又用同样的手法，从10月15日宣布的日期延后到11月。这一方面表明美国理智的态度，同时也说明我国的立场坚定，表述明确，美国很难有理由成立这样的指责。另一方面则是美国利弊权衡的考虑，毕竟这种做法是一个激化矛盾的对策，而非一个解决问题和化解矛盾的路径。由此，我们看到国际货币体制的格局已经不适宜时代的发展和潮流的趋势，国家权力超越国际社会势必导致更大的风险，全球对此应该有清醒的认识，加快与加紧国际货币体制的改革，从实际制度规则出发防范风险乃至危机。

面对国际舆论的我国人民币压力，我们不仅需要关注别人让我们怎样，而且更应该关注我们自己应该怎样，学会改变自己是我国十分紧迫的课题和任务。尤其是我们需要借鉴美元努力以制度完善把握价格，而非只顾价格走势，严重忽略制度建设。我们尤其值得反思，我国5年人民币汇率改革的制度缺失一直没有有效解决，我们一直没有摆脱单一钉住美元，进而我

谭/雅/玲/锐/评
人民币短期与长期升值应如何看待?

国的人民币价格被舆论绑架,人民币升值预期难以消除;我国人民币价格被制度绑架,美元有效的货币制度捆绑了我国人民币报价体系,远期 NDF 定价人民币即期中间价,外资和外部机构定价人民币价格十分突出;我国人民币价格被战略绑架,人民币波动长达一年的稳定和短期贬值恰恰是美元成熟、专业和技术铺垫的结果,人民币再升值在于美元策略和技术。所以我们首先最为紧迫的任务是健全和完善参考一篮子货币的机制,有效、明确和公开人民币参考一篮子货币的权重,按照贸易、投资、外债和储备需要配置货币篮子组合,使市场参与者能够通过份额配比规避风险和化解压力,以及便捷交易和结算等。当务之急还在于我们应该打消人民币升值预期,引导舆论理性认识人民币合理价格,毕竟我国是一个发展中国家,市场体系的健全和完善存在明显不足,我国人民币合理性有待进一步论证,而非西方舆论的低估论。国际舆论的人民币低估论脱离我国经济金融实际,并且严重违背市场规律和主流国际趋势,偏颇的见解误导市场预期和误读我国状况,我们应该具备对人民币风险的警惕性,即长时间快速升值后巨大的贬值压力和风险,而非简单、单边升值论点。

美元汇率调整的新环境与新策略

(2010年2月4日)

> 当前美元汇率走向的关键是美国技术性娴熟的把握,技术是价格控制的关键。新型的全球金融危机和美国式的金融危机改变了许多金融市场的分析判断依据,但是金融市场和商品市场本身的技术因素并没有根本性的改变。美国正是恰当甚至是恰到好处地运用了这种规律,甚至是主宰了这种规律服务于自我。

当前尤其值得关注的是,超主权货币的提法过于理想化。面对现实的美元市场份额,面对各国以美元资产为主的国家

谭/雅/玲/锐/评
人民币短期与长期升值应如何看待？

储备，美元霸权和体系不是舆论可以推翻或改变的。对美元霸权的抗衡过于理想主义，不仅不能达到自我目标，相反会给予美元以战略提示和策略空间，美元的主导性恐怕更加突出。

近期美元走势引起关注和争论。笔者基于对美元长时间的跟踪与观察，对美元近期表现认为是短期阶段性调节，并非是美元转入升值阶段。一方面，是通过美元汇率走向较为明显针对欧元升值明显，对其他货币升值有限度和有节制，进而美元指数并没有突破80点；另一方面，是美元升值伴随经济明朗和乐观突出，有违于经济与汇率搭配，展现美元升值技术性铺垫明显，进而很快继续呈现美元贬值。因此，美元一反常态的贬值到升值再到贬值并非是一个趋势性的转变，而依然是一个阶段性的调节。

美元近期变化的原因在于前瞻性的技术性铺垫，背景在于欧元区不利因素顺势而为应对。美元调整背后的两条主线体现在以下两个层面。

一条来自国际上与欧元竞争的"反攻性"准备。因为欧元出台改变了美元货币制度的霸权，国际货币体制从一只独霸转向三足鼎立，欧元直接开始瓜分美元的市场份额。为此，美元一直耿耿于怀针对欧元的战略应对和策略运用。欧元启动11年来的价格被美元控制甚至垄断，欧元合作制度逐渐松垮甚至分离。尤其是近期欧元贬值中伴随经济不景气和凝聚力下降，来自欧元内部的负面因素多多，希腊问题是焦点。而美元恰当地把握市场规律运用，欧元短期贬值铺垫和凝聚未来升值的空间，市场涨跌和上下的规律并没有因为金融危机而改变，更何况此场金融危机的独特更难以琢磨，美元汇率走向与发生过金融危机的货币汇率完全不同，美元始终主动控制和调节。包括目前美元和欧元比较因素中，潜藏欧元升值的压力，而非欧元贬值，这恰恰预示欧元危机的临近，而不是消化，这是美元走向中的长远战略利益和国家利益的体现，并非是简单价格走向的分析和解释可以说明或定论的。过去欧元价格走向并非是经济基础或国家利益需要，相反更多是美元战略竞争的体现。未来欧元或许将继续上升，因为从过去欧元价格看，欧元经济、政策和价值基本点并不能反映真实的价格需求，相反欧元区愈加不好，欧元上升愈加迅速，欧元价格是美元对应的策略甚至战略，这或许可以预示出欧元危机的来临，美元战略和政策及策略的宗旨是打击欧元竞争。美元升值应对欧元未来升值的战术性必将推进欧元升值，加快欧元危机风险，摧垮欧元对美元形成的竞争局面，美元霸权维护是美元策略的核心，"反攻性"的技术娴熟是美元升值的关键因素。

另一条来自美元内部战略核心的"休整性"铺垫。美元升值的主要原因在于休整国际黄金价格的需要。因为国际黄金价格涉及美元综合战略，是未来美元应对全球和全局的重要因素。当前美元升值与美国股票价格下跌依然对接明显，同时美元升值带来国际黄金价格的下跌性休整，美国金融综合性战略是值得关注与研究的。黄金价格高涨是2009年年底国际金融市场的焦点，黄金价格高涨的源头在于美元贬值。伴随美国巨大的财政赤字压力，黄金价格未来预期从2006年的3500美元上涨到2009年年底的6300美元。虽然价格基础的计算模式有差别，经济环境价格因素有变化，但黄金价格的美元体系一直没有消失，美元主导黄金价格是过去、现在和未来不可脱离的核心。美国正是出于综合金融战略设计、推出和制造黄金价格周期和预期。黄金价格变化不是简单的金融价格变化，而是美国金融战略的体现，一方面市场有黄金金本位回归的预期，另一方面存在黄金储备规模的扩张，尤其是各国中央银行从黄金卖出转向黄金买进，净持有成为各国中央银行的新政。美元货币地位受到挑战和竞争，美元价值存在疑虑，欧元竞争和财政赤字风险需要新规划，美元和黄金组合不仅可以化解和消除美元赤字压力，而且可以保全美元地位和作用。未来黄金将是金融资产和财富的价值新筹码，制度新依托，框架新组合，更是美元价格与价值的组合和依托。

尤其是近期美国新型金融危机显露矛盾压力未散，尽管美国最新发布的2009年第四季度经济增长达到5.7%，但是美国经济前景不确定，新型金融危机难以消除，美国总统奥

第二章 汇率博弈的道与术在哪？

巴马依然关注金融问题，近期对银行问题的建议引起美国股市下跌扩大，进而刺激美元反弹扩大，信心支撑的价格组合依然是美国价格战略的基础。美国经济数据本应需要美元贬值维护，但是美元却升值扩大，这其中经济新理念和心理的把握是我们判断美元走势的另一个角度。全球经济超规律，全球金融超传统，美元汇率恰恰是揣摩全球新型变化，美元得出自我价格控制的依据和心理。因此，目前的美元升值不代表美元趋势性转变，只是短期因素干扰了美元价格周期，美元策略调整灵活，而非政策意愿和技术结构转变。近年由于独特的美国新型金融危机是在美元强大，美元资产主导和美元体系健全中主导，进而对价格判断忽略价值基础、制度垄断及效率作用。对美元资产的忽上忽下、忽左忽右、忽高忽低、忽出忽进状况是因为对美元资产价值评估陷入短期价格恐慌，尤其是在美元贬值策略灵活、有效时期，市场往往以美元价格变动评价美元价值前景，进而导致市场投资变异，投机加剧。

当前美元汇率走向的关键是美国技术性娴熟的把握，技术是价格控制的关键。新型的全球金融危机和美国式的金融危机改变了许多金融市场的分析判断依据，但是金融市场和商品市场本身的技术因素并没有根本性的改变。美国正是恰当甚至是恰到好处地运用了这种规律，甚至是主宰了这种规律服务于自我。一方面，是美元资产两面性的价格搭配控制，

谭/雅/玲/锐/评
人民币短期与长期升值应如何看待？

即美元汇率和美国股票价格涨跌匹配；另一方面，就是充分运用美元报价体系的优势，组合价格体系的美元需要。美元是以全方位调整汇率组合，美元是以全视角组合价格搭配，美元是以全系统整合策略周期，美元是以长期要素控制和调节短期价格。因此，面对美元贬值，全球货币高涨，资源价格高涨，大宗商品高涨，以石油为代表的资源和大宗商品价格依然受制美元走势，黄金价格则是美元体系的后续保障，两者之间高涨的作用、影响和未来有不同结果。所以，面对美元贬值，我们不仅需要考虑价格因素，而且更应统筹价值体系和市场制度，而不是简单接应价格。美元是用制度战胜价格，用制度控制价格，制度的核心是技术。

美元之作与人民币之痛的经验教训

(2013年8月22日)

> 美国经济比预期乐观而强劲复苏,美元汇率与判断反向弱势行之,对这些现象的本质不透彻理解,会诱导市场对美元汇率的判断。因此,面对我国汇率改革8年之久并不是仅仅研究进步与进展,不发现问题或意识不足进一步加大的是盲目性,扩大风险、矛盾与压力,包括我国汇率目标与前景、人民币价格趋势与国际市场周期等具体问题。

面对美联储货币政策宣言的市场猜疑与焦点关注,美元汇率实际走势与预期心理截然相反,美元反其道而行之的汇率路径，不得不引起我们高度重视，尤其是对未来汇率趋势判断心理错位和结构错搭的风险预警十分严重，值得慎重对待和严谨结论。

美国经济比预期乐观而强劲复苏，美元汇率与判断反向弱势行之，对这些现象的本质不透彻理解，会诱导市场对美元汇率的判断。因此，面对我国汇率改革8年之久并不是仅仅研究进步与进展，不发现问题或意识不足进一步加大的是盲目性，扩大风险、矛盾与压力，包括我国汇率目标与前景、人民币价格趋势与国际市场周期等具体问题。我国经济与汇率表现反向运行的局面，这对我国经济和金融而言具有值得深入思考和认真研究的问题。这些看似简单的现象的原因与背景耐人寻味，潜藏巨大的风险，乃更深刻的国家战略博弈。

一、美元之作的成功秘诀与脉络观察

美元货币之经典和杰作在于切合实际、顺应形势以及高瞻远瞩。尤其是在国际市场竞争博弈激烈之中，美元汇率能够找到自己的方向和需求是关键之点，进而美国经济长期结构压力得以缓解，贸易逆差的减少十分突出，石油战略的规划进步促进贸易结构良性改观，美国经济潜力收获期发挥威力，股市高涨明显、投资倾向突出，国家经济战略规划高效，促进汇率回旋游刃有余。对照这些现象理解的本质不透彻、实质不深入，误读与误判严重。作为我国货币发展与规划之路，我们更需要对症国内外的现实与真实，准确找出自己的路子和思路，不要简单化或口号式地面对自己货币的前景。美元货币的发展路径与思路设计值得研究、观察与总结。

1. 美元之作的先见之明

美国经济全球化与美元市场化的相辅相成工程配套是货币之径的经验之选。美元作为全球主导货币的地位始终难以替代和震撼，美元货币地位的定义与定性在经历了新型金融危机之后在继续回归自己一只独霸的地位定义，并且融入更加宽泛乃至全球垄断的新定性。因此，观察货币的强大已经不同于传统时期的经济基础要素，而是与时俱进的新思维和新观察，即经济要素的信心是核心面，市场要素的心理是关键点。我们可以发现美元汇率在一系列突发事件和战争冲突始发时总是稳定向上，反之随后则会下跌。尤其是美国经济表现不好时美元汇率则会向上，美国经济表现好时美元则会下跌。美联储创造了流动性，美联储又成功地驾驭流动性的分布与流向，流动性过剩时期的准备和设计充分，面对新局面的调整与对策有效，美元先见之明难以比拟。美国经济全球化以美元市场化为基础，进而实现全球化基础要素的配置，有效保障全球化的基础。有面有点，点面配合，以面带点，以面促点，主次分明，目标明确。

其一，以意识调整全球概念。对市场的准确认识是影响市场运作的关键，美元之作的初始之笔就在于以意识认识论调整全球概念化的舆论和进程。回顾我们经历过的市场，流

谭/雅/玲/锐/评
人民币短期与长期升值应如何看待?

动性不足转为流动性过剩是美联储先见之明,即 2001—2003 年美联储下降利率 13 次,2008—2009 年美联储下降利率 10 次,全球市场从流动性不足到流动性过剩、流动性泛滥;美联储政策的宗旨在全球市场架构范围的扩张,并不仅仅局限于美国本土范畴,有别于任何国家货币政策概念和全球政策差异;金融市场概念扩展到全球市场范围、黄金重新回归金融属性为主、石油价格两地分化(纽约与伦敦石油期货价格倒挂)是美联储先见之明;等等,诸多简单现象的背后筹谋是耐人寻味的。其最终目的是将美国概念全球化,美国规模世界化,进而市场关注的焦点讨论局限在本国本土,而美国讨论的概念是世界及全球。

其二,以价格调节市场范围。对市场循环机制的控制是调节价格的核心,美元定价地位的保障与美元报价地位的扩张是价格调节市场的独特工具和手段。美元正是准确地把握住自己的这种资源优势,借助市场流动性过剩的局面,发挥美元调节价格的优势体系和市场涵盖,调动全球价格的同步性与非对称性,使得价格引起的判断力分化乃混乱,进而更加顺畅地实施美元价格和价值的通道与定律。

其三,以战略调动全球资源。对市场机构设计的高瞻远瞩是全球资源配置的重点,美元霸权特性决定美元构架的自我性和特殊性。美元战略的远见是美元霸权发挥与发威的核心。美元不仅具有明确的货币竞争对手,更有组合型与合作性的战略伙伴和新型合作关系,其宗旨在于全球化标准与目的。因此,美元汇率走向之下的不同价格走势,既受制于美元,又有违于美元,其关键在于美元的政策与策略需求。日元汇率的变化是一个最有利的例证说明。日元汇率并非是依据日本经济实际状况的对接,而是美元全球利益与需求的辅助。

美元以价格入手,以收益率为目标,进而取得利润最大化的价格要素配置,得到最佳和最优的资源空间和时机,占领最有力的时机与地域,实现美国国家利益最大化的汇率阵地。

2. 美元之作的深谋远虑

美元货币目标的高端落脚点在于国内经济,创新产业模式与技术进步,扩大全球产业再分工的基础;美元货币目的的远见立足点在于世界和市场,正在谋略未来全球资金价格与资产价值的新构造。过去美元一只独霸被货币三足鼎立所替代,如今美元筹谋回归了美元一只独霸,未来美元将设计新三足鼎立构架新体制和新机制,即美元、黄金和石油的新三足体制。美元深谋远虑的关键是美元霸权。

其一,针对目标有利而又谋。对欧元的货币竞争是关键。所以我们看到的欧债危机不仅是单纯的债务问题,而是涉及经济、货币乃区域化合作的全面危机。欧元基础不足的关键

谭/雅/玲/锐/评
人民币短期与长期升值应如何看待？

是经济脆弱，而救助欧债问题的核心是财政救助。一方面欧元区无法获取财政来源，经济不发展财政来源无出处；另一方面欧元无财政政策的统一，财政救助无政策依据与参数，无法执行的救助是空谈。欧元消失是必然，美元战略筹谋有计划和进程。

其二，保护自己有效而又远。美元霸权的基础在夯实。所以我们看到美国经济复苏是发达国家的唯一，并且复苏的进程是升级换代的提高版，并非简单循环的推进式。其中关键指标在于国家经济发展中的石油对外依存度不断降低，失业率水平快速修复，贸易逆差大幅减少，尽管这些指标尚未达到过去经济周期的平均水平，尤其是新经济周期的产业升级中已经相当快速地对接了就业能力与水平，其中的难度与进度实属可观，而非可忧。经济周期带来经济观念的转变，而经济差异的存在限制对经济高级化和现代化的理解，美元策略的高端优势在于自我和自己。

其三，垄断全球有备而又智。美联储的货币政策功不可没。所以我们看到全球金融市场的概念是伴随美联储政策的扩张而被扩大，单纯金融定义的金融市场概念已经伴随美联储流动性过剩地推进，演绎为全球化的金融市场定义，无论石油、资源、大宗商品、农产品统统被美元化，美元垄断已经覆盖全球，美元地位的难以动摇在于金融市场的扩张，市场势力范围的扩大夯实了美元霸权地位的稳固。

美元战略的高端化和前瞻性是全球独一无二的，更是美国国家利益的高度体现。这对我们的汇率把握与规划的参考意义和价值极大。

伴随着2007—2008年至今的国际金融环境与形势的发展变化，国内外市场舆论依然停留于传统时期的思维、理论和框架，进而对现代市场不断翻新炒作的焦点并无透彻力的解读和远见性的判断，最终无论经济实体或金融实力都或多或少受到创伤与削弱，并未有真正的改观与转变，但有的个别国家则凸显结构改革效率与战略部署结果，并进一步促进经济增长的良性运行。这些现象值得深入思考，更值得警惕未来的潜在风险。

2007—2008年的一场金融危机，不仅超越传统模式与结果，更严重错乱判断与预期，尤其是金融市场势力范围的扩大，金融市场流动性的泛滥，使全球应对不暇，甚至难以预料严重。因此，这并非是一场传统意义上的金融危机，而是更深刻意义上的资金竞争、货币博弈以及战略规划，其中关键的原因在哪里？我们如何去理解或解析许多焦点话题的真谛或未来的目的？这对于我国眼前的改革对策乃至未来战略规划具有十分重要的意义与影响，值得深入、全面、长远的思考。

一、美国金融新战略观察

美国经济的世界能力不断扩大，世界经济老大的地位至

谭/雅/玲/锐/评
人民币短期与长期升值应如何看待？

今难以震撼并未改变。其中金融战略乃至资源战略的保障与保驾护航作用功不可没。所谓金融危机概念以来，美国新策略的实施发威国际金融的势力，凸显美国金融战略的意图与目标清晰，进而使全球资产商品定价权被全面垄断，美元特权与霸权回归常态，且进一步扩张乃至扩大势力范围与主导局面。

1. 美元政策的特性与特色

美元货币政策的特色取决于美元地位的特性，即作为全球定价与报价货币的特权与霸权，使美元政策的特色十分与众不同，即不是以本国本土经济为重点，而是着力于全球与世界视野，进而美元政策的效应使美元制度霸权范围与市场份额水平大增，美元垄断性进一步扩张到全世界各个领域。回顾2000年以来的美联储政策思路与路径，其中扩大市场美元霸权的覆盖率清楚透彻。即第一波的2001—2003年的宽松促成了市场的基础要素，流动性过剩局面的形成是美元霸权待回归的市场基础；随后2007—2009年的宽松是促成机制体系要素，流动性泛滥的局面使美元特权覆盖了所有价格与商品，美元进一步扩大的垄断性使美元一只独霸回归更显威力与霸气。美元定价与报价体系从金融领域向全球扩张，无论黄金、石油、资源、大宗商品、农产品等统统被美元所垄断，金融领域已经覆盖全球各个范畴。美联储QE的政策宗旨明确而有效，其超出单体国家央行的定位，更不是一国央行的职责。而市场对这一焦点的解读与理解存在偏差与偏激,期盼于继续宽松的QE,但并不明白美联储QE的基础不同于世界各国央行,未来追求远高于世界各国央行,其能量与控制更大于世界各国央行。世界各国以本国本土概念的推论并不适宜美联储高级化和全球化的识别与判断。

2. 美国经济的转型与效率

美国经济的现代化与新型化十分具有成效,更是美国经济与众不同的全球特权。其中最关键之点在于新能源战略的收获期。一方面是美国传统能源战略卓有成效,石油战略储备的丰厚使美国战略垄断性制高点得到稳固;另一方面是美国新型能源战略卓有成效,新能源的开发、研究、技术更新和创新使美国拥有垄断的页岩技术、确立的石油出口大国地位,美国石油对外依存度和石油价格冲击力下降进一步显示新能源战略的效率与作用。同时包括美国自己紧张、全球十分敏感的失业话题更与美国经济的转型升级有关。传统产业的就业技能已经不适应现代经济的需求,就业压力的根本在于国民需要时间追赶经济发展质量和节奏,这只是表明美国经济规划与把控的准确,并非是美国经济问题与压力那么简单。美国国民已经深切感受到这种变化,他们正在用时间和努力追赶经济转换的节奏与品质。国家政策纠结的失业率与百姓追赶弥补的失业率正在发生变化,美国失业率两年变化的进展已经表明其就业思路与战略效应的进步,失业率并非是压力而是一种动力和潜力。由于市场与国内外理解角度与解析方法的差异，使美联储政策被误解，也是美国经济被悲观的重要因素。

3. 美国战略的定位与目标

任何一个国家经济战略的作用都是不容忽略的，尤其是在高科技极其发达，国家竞争日趋激烈的时期，国家战略的意义与作用更加重要。观察美国国家战略的定位，其核心就是保全和保护美元霸权，美元霸权对美国经济利益乃至全球战略的推进是根基。美国战略定位决定美国竞争目标明确，即美元货币对手就是美国国家战略的目标地，如欧元、人民币等都在其中，进而我们货币改革开放的宗旨应以自己货币自由兑换和国际储备地位为目标，不要简单化地推进人民币国际化，这与美元全球化之下的美国战略的冲突严重，不利于我国金融竞争力地发挥和实施，我们应该面对现实选择战略与对策。尤其是当前美元战略目标的稳准狠十分突出，即对欧元决战期的战略对策十分明确与有效，欧元问题加剧瓦解概率加大。目前欧元问题不是在消化矛盾和压力，反之是在消耗实力和积累，进而不对症的救助措施不仅救助不了欧元，反而使欧元的前途更加悲观和渺茫，最终欧元被瓦解将逐渐显现。但欧元爆发危机概率极低，因为欧元区并不存在体制与体系的实力风险，各自为政和独立特色是各自风险屏障保护的基础，欧元只是问题严重而瓦解，并不会发生金融危机，甚至摧垮欧洲。美元和欧元是对手，但美国经济和欧洲经济是同盟，既有实力特权和特色，又有合作基础与战略目的。美国会击垮欧元，美国也会反手救助欧洲经济。美元战略方向短期、中期、长期有目标和利益诉求。

百年不遇和前所未有的金融危机的复杂与高端不在于眼前的伤害，更严重的挑战在于未来，尤其是发展中国家和新兴市场经济体经济实力在逐渐脆弱，金融势力并不强大将具有更大的风险压力，特别是中国和亚洲一些国家危机的风险概率更大，甚至有可能爆发真正意义上的传统金融危机。美国重返亚洲是未来地区与个别国家危机与竞争关注的焦点。

二、国际金融新动向判断

伴随美国金融的规划性，国际金融也呈现出新的转型与组合的变化，尤其是流动性过剩时期的金融架构与组阁更具有历史背景与长远利益的清晰脉络与思路构架。

1. 资金价格上涨与资产价格下跌的新组合

目前伴随美联储政策宽松的长远规划，金融市场已经呈现资金价格上涨与资产价格下跌的态势，即债券、证券收益率高企，资源价格包括石油、黄金等资产价格下跌严重，使资金融资成本付出增大，投资之后的收益率减少，甚至亏损。这并不是市场自然的现象，其中的战略规划十分巧妙甚至诡

谭/雅/玲/锐/评
人民币短期与长期升值应如何看待？

异,就是对美联储政策解读的误区严重。美联储从前年9月推出扭曲操作定义,这就已经告诉市场其操作手法的转变。美联储已经明确宽松政策的转型,即卖出较短期限国债,买入较长期限的国债,从而延长所持国债资产的整体期限,这样的操作将压低长期国债收益率。美国没有继续开动印刷机器,而是采取扭曲操作的方法调整结构与期限,针对债市进行抛售、短期买入长期的目的是降低政府融资成本、压低债市的借债利率,这种方法与路径可以有效避免政府借债成本,同时打压利用金融动荡榨取投资资本的行为,进而结果是欧美一些资本的外逃、转移造成欧美股市的动荡,但却铺垫市场理性与发展潜力的积淀,并实现没有开动印刷机却刺激经济和繁荣资本市场的调剂作用,直接抑制了不理性的投机性,所以热钱的概念在美国、欧洲、日本并不存在,对世界范围的膨胀起到良好的抑制作用,对美国实体经济起到促进作用。打击虚拟金融炒作投机、降低实体企业的经营压力才是货币政策的正道,也是美联储宽松政策的真谛。扭曲操作是扭转经济的正路、是对自己第一轮印钞票的纠正,这是一种睿智的对策组合。

2. 资金流量实力与资产速度规模的新结构

伴随我国6月初的银行钱荒,资金撤离发展中国家舆论混杂。其实从资本市场资金流动实际看,资金有进有出是常态,资本流入流出是正常,而心理的恐慌、心态的非理性使对资金流动和资本流动出现偏激理解。实际状况在于：资金流量的主体是发达国家，资产流速是以发展中国家为主。全球资本流动的2/3是由发达国家主导，既有实力的金融市场，更有势力的跨国公司，即使有资金撤离的热钱概念，其流向是由发达国家跨国公司所为，调动与刺激资金流动加快的主体是发达国家的特性。资料显示，2011—2013年国际资本流动呈持续回升趋势，国际资本流动回升的趋势不断加快。据联合国贸发组织预测，2011年外国直接投资可能达到1.4万亿~1.6万亿美元，接近危机之前的水平；2012年，外国直接投资可能进一步增长至1.7万亿美元；2013年，外国直接投资可能达到2万亿美元，超过2007年创下的历史最高纪录。从资金流动的结构看，发达国家占主并未改变，目前市场是在淡化国家定义，而突出跨国公司效应，进而混乱定性，从而使资金方向的评价过于偏激。尤其是美联储重新组合美联储资产的结构与配置，实际上是实施锁定资产规模、利润收益以及结构配置的高端策略和技术方法，进而结果是表面上为全球金融市场流动性在减少，短期资金数量在收缩，但实际上则是随即全球发生了日本央行的再宽松、欧洲央行的继续宽松，澳大利亚、新西兰、巴西、印度等很多国家的继续宽松，直接产生全球流动性的增量，美元战略性转折调动全球资金规模，稳定了甚至扩张了全球市场资金规模和数量。全球金融市场的局面是流动性不变，价格在变，资产组合在变。

谭/雅/玲/锐/评
人民币短期与长期升值应如何看待？

3. 资金投资价值与资产投向产业的新分化

美国股票有价值，华尔街市场有价格，这种循环机制的规律和定律是我们当下最缺失的。没有价值期待价格，我国股票市场是恶性循环或炒作平台，套钱掏空企业是风险关键。所以研究美国金融问题忽略的关键点在于美国上市公司与跨国公司的创造力价值，而全球资金投向的扭转恰好是受制于美国金融战略的设计与规划。包括美国华尔街的金融机构创新盈利高峰年、美国新能源实业处于商业投资回报期、美国制造业产业转入升级换代转型期等，这些都构成资金投向的吸引力和青睐度，进而再去解读金价暴跌，其实是全球金融资产和资金结构重组的结果，黄金牛市并未结束，而是股市高涨吸纳资金流量，未来股市调整就是金价上涨空间。资金投资回报率和价值的分化导致资产投向的转移与分化。从全球其他市场看，2012年全球股票整体上涨13.43%，其中亚洲（除日本外）上涨19.42%，成为股票市场表现最好的地区。而日本股市从去年10月至今已经上涨80%，上涨局面醒目。新兴市场国家中的土耳其、埃及、菲律宾等国股票市场上涨都超过了40%，其中土耳其股市上涨60.53%，成为MSCI全球指数成分中涨幅最高的国家。发达国家中，德国、比利时、丹麦和奥地利股票涨幅均超过20%。相反，巴西成为2012年主要经济体中股票表现最差的国家，全年下跌3.5%。金砖四国中的俄罗斯和印度股票市场表现符合预期，全年分别上涨了9.61%和27.86%。从股票的不同类型看,小市值股表现更佳,增长型股票表现优于价值型股票。2012年全球债市上涨4.32%,全球房地产指数上涨16.13%,商品类资产仅上涨0.26%,对冲基金表现平平,全球对冲基金指数仅上涨3.23%。目前看,全球更重视实业实体经济的转型与调整,投资资金与资产的重心已经产生分歧与分化。这预示未来世界不均衡将扩大,并非缩小,新一轮产业竞争、产业再分工即将开始。资金投向更注重价值收益率,资产投向更关注产业效率优化。

国际金融的认知混乱带来判断上的不准确,并进一步影响行为的无效和恶化,其中美国金融的高端化和高级水平被严重低估,甚至错位美元货币地位霸权的资质,尤其是对央行的理解力具有局限性,甚至错位美联储的特性与个性。全球央行主要职责与美联储的职责目标千差万别,并非是本土化和本国概念的政策框架与宗旨。美国金融战略的全球化在运用美元的霸权资质实施,美元霸权资质的发威恰似美国金融战略全球化的载体和通道。目前研究问题与讨论问题的鱼目混珠使得问题梳理难以清晰和透彻,甚至会顺从美联储政策需求,反之违背自主货币政策的目标和原则,教训惨痛而普遍。其中美联储的扭曲操作是关键点,市场对QE的期待不准确甚至被误导,这也是近期国际金融市场震荡的主要原因与背景。

第三章 货币博弈的激烈性在哪？

外汇市场走势的超乎预料在于美国舆论与政策主张的调动性,乃至刻意的有目标的针对性,进而扩大美元贬值导致其他甚至所有货币的不利局面严重。尤其是三大货币载体的央行例会同期,但同步性凸显分歧与分化,未来汇率价格的博弈将进入白热化阶段,各自汇率风险是重点。

货币博弈尖锐　趋势把握明晰

(2018年1月29日)

外汇市场走势的超乎预料在于美国舆论与政策主张的调动性,乃至刻意的有目标的针对性,进而扩大美元贬值导致其他甚至所有货币的不利局面严重。尤其是三大货币载体的央行例会同期,但同步性凸显分歧与分化,未来汇率价格的博弈将进入白热化阶段,各自汇率风险是重点。

年初以来美元贬值态势喋喋不休,外汇市场变化分化严峻,货币对实体经济的收益与冲击清晰可见,美元娴熟货币的长远战略应对恰到好处、凸显功力。一周外汇市场美元指

谭/雅/玲/锐/评

人民币短期与长期升值应如何看待?

数从90.38点进一步下跌至89.04点,区间甚至达到88.2点超低位,市场所料不及,未来趋势更加难以预料。由此导致欧元兑美元汇率从1.2258美元上升到1.2422美元,其间有反复错落,但最终欧元站住1.24美元突出。英镑兑美元汇率从1.40美元上升到1.42美元高位,最终收盘为1.4154美元。瑞郎兑美元汇率从0.9619瑞郎上升到0.9335瑞郎,区间徘徊在0.94~0.95瑞郎。日元兑美元汇率从110.94日元上升到108.51日元,日元上升很勉强。加元兑美元汇率从1.2447加元上升到1.2307加元,石油助力显著。澳元兑美元汇率从0.8013美元上升到0.8108美元,无奈被动上升明显。新西兰元兑美元汇率从0.71美元上升到0.7353美元,随从澳元十分明朗。我国人民币上升势头与欧元相似,价格区间从6.4034元上升到6.3196元,涨幅已经对经济外贸带来被动不利。反思美国经济2017年的繁荣、股市高涨与美元贬值关系很大,这是有效的组合拳与战略性。

外汇市场一周走势的超乎预料在于美国舆论与政策主张的调动性,乃至刻意的有目标的针对性,进而扩大美元贬值导致其他甚至所有货币的不利局面严重。尤其是三大货币载体的央行例会同期,但同步性凸显分歧与分化,未来汇率价格的博弈将进入白热化阶段,各自汇率风险是重点。

1. 美国言论与经济主导凸显

本周十分突出的表现在于:美国财长努钦在达沃斯会议

上表示弱美元对美国贸易有利，随后美元贬值加剧，美元指数直线突破90点，甚至达到88点低水准；紧接着美国总统特朗普在达沃斯会议上表达，市场对努钦的言论理解有误，美国需要强势美元，美元货币政策强势不变，随即美元指数反弹至89点上方。美国两位重要官员的讲话具有调动与验证市场的意义与影响，美元借题发挥以及顺水推舟十分明朗，贬值意愿是根本，强势美元政策是指导。最终到周末美国商务部发布的2017年第四季度GDP增长2.6%，市场预期为2.9%，进而美元升值不足直接限制美元反弹。尽管如此，这份数据仍然表明美国经济状况良好，尤其是在去年自然灾害以及政治突发因素影响加大的情况下，美国经济的稳定十分显著。此前，美国第二、三季度的GDP增长率均达到3%。加之美国2017年12月耐用品订单指数增长2.9%，这本应刺激美元上升，但美元贬值态势不变，这凸显美元技术准备的成熟以及全年指标权衡的基数考量严谨。

2. 欧元被动中增加风险扩大

一周最受关注的是欧洲央行行长德拉吉警告弱势美元讲话违反共识，欧洲央行或检讨政策，欧元急升是不确定性的源头之一，这是对欧元过度升值的警告，也是未来欧元潜在风险的预示。美元贬值推动欧元升至3年高位，并威胁到欧洲央行推升欧元区通胀率的政策效果。欧元兑美元汇率一度大涨0.8%，上涨至1.2515美元。加之周四市场一直关切的

谭/雅/玲/锐/评
人民币短期与长期升值应如何看待？

欧洲央行例会结果和预期一致，欧洲央行决定维持利率和前瞻指引不变，德拉吉重申，欧洲央行不设定特定汇率目标的政策，但汇率对于增长和稳定很重要……经济增强时汇率升高，这是无法改变的事实。他强调，如果所有这一切导致不必要的货币政策收紧，预计未来将不得不考虑欧元货币政策策略。他指出，几位欧洲央行管委会委员对此表达了关切。最终德拉吉预计2018年欧洲央行升息的机率非常低，并且目前通胀压力迟滞，但在中期上升存有不确定。即便未来欧元区经济蓬勃发展，欧元强势仍可能打压通胀，这令欧洲央行多年来实施的、规模超过2万亿欧元的刺激措施的效果大打折扣。德拉吉表示，现在判断欧元上涨对通胀的传导影响究竟有多大还为时过早，但毕竟欧元上涨会令进口产品更便宜，从而打压通胀。欧洲央行在过去3年购买了超过2万亿欧元的债券，几乎是单凭一己之力压制了欧元区的借款成本，从而带动经济成长并推高物价。目前已经两次缩减规模的购债行动定于9月底结束，投资人的押注将在第四季告终。根据上述状况，市场押注欧洲央行可能早至12月加息，即便是最鹰派的政策制定者也认为这时候行动为时过早。

3. 日元政策导向有所松动但艰难

本周日本央行也受到关注，日本央行行长黑田东彦周五在瑞士达沃斯表示，该国的通胀终于在靠近2%的目标了。目前有迹象表明，日本薪资已经有所上涨，一些价格开始回暖,未来甚至中、长期通胀预期现在也略有回升,过去几年通胀预期十分疲软,因此尽管有许多因素造成实现2%的通胀目标或价格稳定的目标如此困难和旷日持久,但他认为未来终于接近目标了。日本央行行长讲话后,美元兑日元下跌,舆论炒作发挥明显。黑田东彦2013年执掌日本央行后,他立即针对促进通胀实施了创纪录的货币刺激计划,其举措提振了股价、企业利润和经济增长。目前日本经济复苏已经较为稳定,经济增长率已经连续7个季度增长,未来潜力或将进一步加大。而相比较,日元升值比欧元升值较弱,扶持陪衬性较突出,但日元升值有限、贬值或将更大,这其中国际关系的协同是关键,针对性目标的竞争合作是值得关注的,我国面临的局面值得警惕风险与地域挑战。

(原载外汇频道—和讯网)

美欧债务本质有差别实质为竞争

(2011年9月20日)

近期一场欧债危机演变为美债危机的焦点炒作,不仅引起全球金融市场极度恐慌,导致价格错落急剧扩大,尤其是国际黄金价格一个月的上涨达到400美元,一天的价格下跌为200美元,为美国债务的出路和美国国债的销售创造机会和条件,市场暴跌是"一箭双雕"的美国战略选择和美国国家利益的目的。

近期一场欧债危机演变为美债危机的焦点炒作,不仅引起全球金融市场极度恐慌,导致价格错落急剧扩大,尤其是

第三章 货币博弈的激烈性在哪？

国际黄金价格一个月的上涨达到 400 美元，一天的价格下跌为 200 美元，同时也进一步引起货币政策的争论以及经济前景的不确定。整个局势变化的焦点积聚于美债的关注，并扩大识别风险的恐慌心理，进而迎合技术性修正需要呈现价格震荡局面，尤其是为美国债务的出路和美国国债的销售创造机会和条件，市场暴跌是一箭双雕的美国战略选择和美国国家利益的目的。

如何面对美欧债务问题的焦点关注，市场舆论争论与事件定义的过于简单、单边甚至偏激，不仅影响对问题的判断，更严重干扰对风险的识别。人为、刻意地炒作十分严重，人为因素加剧市场的担忧甚至恐慌。尤其是美国债务危机的提法超出实际状况，美国债务是当今新问题吗？并非如此。美国债务问题是美国一直的经济结构扭曲现象。美国债务问题是一个突发事件吗？到达了危机的程度吗？也并非如此。美国债务问题历史上已经经历了无数次的焦点关注，是美国经济的老生常谈。美国债务问题的最终解决是一个创新吗？更并非如此。这是美国历史上一直这样处置债务问题的结果，惯性操作是结果的必然结局，美国无论党派或参众两院都会最终以美国国家利益为最终结果，而过程只是推动和促进舆论的作用与效果以实施美国市场战略的需要。

1. 美欧债务的本质差别

美欧之间已经逐渐拉大距离，尤其是两者之间的全球视

谭/雅/玲/锐/评
人民币短期与长期升值应如何看待？

野具有实质的不同，美元是主导力和垄断力强化，欧元是风险与危机临近。2010年至今市场焦点集中在美欧债务问题，从美债问题与欧债问题观察，两者之间的本质差别在于全球化垄断扩张和区域化合作协调。美债问题是因为美国全球扩张的战略利益，寻求更大的竞争优势和垄断范围，尤其是美债问题是试图通过美元的特殊地位和能量进一步实现对全世界的霸权控制。因此，面对美国独特的新型金融危机，美联储的货币投放与全球各央行的货币投放意义和结果完全不同，即美国是加强了全球垄断和控制，而全球各央行面临的是控制力更加艰难，甚至有的央行存在失控的可能。尤为严重的是美联储已经调动和带动全球政策协调。

相比较欧债问题则是欧洲因合作过度而加大的债务和财务压力，基础不足是欧债问题的问题所在，也是与美债的最大不同。欧洲只有货币模式，而没有经济基础、政治基础，尤其是缺少财政与货币的统一协调，基础不足导致合作松垮甚至将面临失败。而全球在讨论和关注焦点问题和事件时过于频繁地使用危机词语，市场对问题本质的分析、理解和论证过于短期、简单和局部，全球形势与格局的分析、判断十分混乱、困惑和纠结，进而迷失了未来问题的真正所在，偏离焦点和核心问题，过度和过分的偏颇角度脱离原本的事件诉求，从而为舆论制造者创造了需要的空间。阴谋论的说辞丧失的是参与市场人的判断理性，掩盖的是主宰市场人的事实真相，阴谋论的危害已经严重耽误了时机和机会发展的空间，不利于全球均衡发展和协调发展，尤其是不利于我国自我发展和有效发展。

2. 美国债务的实质在于国家利益

目前全球焦点问题的关注偏离现实和真实市场状况与状态，对美元的抵触或抵抗性处于理想主义之中，想象力的美元崩溃与现实中的美元霸权回归严重脱节。因此讨论美国债务问题的立足点在于美国国家利益，无论谁都不会违背和改变这一基点，美国党派争论或两院分歧最终会回归美国国家利益最高目标。所以市场舆论讨论和担忧的焦点脱离了美国特殊的地位和美元具有的垄断。国际舆论和金融市场在关注美国债务是否会被提高债务上限。就这一问题值得思考的在于是与否的两种解决最终会动摇美国的经济实力吗？会震撼美元的货币地位吗？会引起全球大幅度抛售美元吗？会使拥有美国债务的国家出现美元资产打水漂吗？会是一个简单的结论可以形成的结局吗？恐怕所有的研究或关注都会是一个否定的答案，既不会改变当前的任何状况，也不会改变未来的任何格局。那么舆论所炒作的美债问题的关键点其实答案很清楚，美国国家不会信誉下降，美元债务不会赖账，美元不会崩溃。所以舆论炒作的过程以及焦点评论的角度结果是影响了对此事件的本质判断和实质论证，进而不仅没有削弱美国以及美元任何能量或资质，相反美国战略和美元策略却

谭/雅/玲/锐/评
人民币短期与长期升值应如何看待？

恰到好处地借助这种舆论环境推进美元贬值对策的实施。而美元贬值的扩大必定有利于美国经济结构性的调整。过去3年金融危机的过程，美国就是通过美元贬值有效地降低了贸易赤字的压力，美国贸易赤字从2007年的7100亿美元下降到2009年的3800亿美元，此间美元一直采取以贬值为主的战略对策，尤其是美元兑欧元汇率甚至会跃升到1.62美元水平，实际上的欧元价格超出自己的状况，美元贬值的战略与策略成功实施了自己战略利益的诉求和追求。

3. 美债的关键是角逐欧元的竞争力

美国严重的债务问题反映美国经济结构不平衡和极其扭曲的状况。然而，美国之所以呈现如此发展的模式与结果，重要的原因在于美国全球化的战略进程，一方面美国处于经济发展高级阶段，尤其是与众不同和效率极高的跨国公司模式不仅实现着美国资源、资金和财富配置的全球化，并且源源不断输入美国负债经济的资本需求，提供充实的资金来源。所以美国敢于违背经济规律，冒险巨额负债是有经济基础条件和架构的配置和条件。因此，看待美国债务问题的核心在于美元霸权的特殊地位。一场新型金融危机的模式和结果已经在成功地回归美元一只独霸的霸权地位，美元依然可以肆无忌惮发挥美元保护伞的威力，美国国债的底线在于美元夯实的市场地位和有效的霸权制度。当前独特的新型金融危机改革和改变的是美国经济增长方式，没有改变的是美国经济规模和实力。美元货币地位根基并没有发生实质动摇,全球局部或阶段性的调整,并不代表美元总体趋势的改变,相反美元正在凝聚新的力量展现美元主导的国际金融格局新时代,即将金融格局渗入资源控制,货币价值组合将演变为美元新时代的新组合——美元、石油和黄金新三足将取代美元、欧元、英镑(或日元)的旧三足体制,美元主宰的全球金融新架构将成为金融财富的新象征。货币的根基在于经济,独特的新型金融危机在改变美国经济结构和产业结构,未来必然形成美元更加牢固的基础,美元将进一步垄断和强势、强化于全世界。当前美债的关注点严重缺失美元特殊地位和作用的论证,点与面失衡、价与制(质)错行、短与长错位,即美债焦点不代表美元崩溃,美元短期价格不代表美元长期价值,美元技术调节不代表美元霸权瓦解。无论美债结局如何,但可以确定的是美元不会发生问题,全世界无奈也好,被动也罢,美元一只独霸短期甚至中期无法抗拒,未来也难以抗拒。美国人在规划未来美元更加充实的基础条件和保护架构。在美元霸权的特殊地位之下,全球经济循环和资本循环形成美国向全球输出美元,全球向美国提供商品、资源,美国在调动全球、垄断全球、分配全球,最终是为优先自己的发展,美国经济一直处于领先地位,金融危机也没有动摇美国经济地位。

最终尤为关注的问题在于美元霸权或特殊国际格局来源

谭/雅/玲/锐/评
人民币短期与长期升值应如何看待?

与现行不够合理和难以改进的传统的国际货币体制以及金融体制之间的矛盾。现行的体制或格局并未根据经济变化或金融变量而发生变革或改变。一方面这种体制的不合理明显存在,具有话语权的多数和主宰在发达国家,尤其是在美国。另一方面这种结构的不合理是基于传统历史指定的原则或框架,随着经济力量和金融规模的变化并未有改革或改变,国家之间和世界之间的最新进展并未有效反映或融入现行金融体制和格局之中,进而所产生的不合理或不科学在一定程度上是在阻碍一些国家或地区乃至世界经济金融的发展。

美元的前因后果与前瞻远见之思考

(2015年3月11日)

> 从去年下半年美元战略与策略开始实施强美元走势,这一方面是基于与欧元竞争、较量的综合性考量;另一方面则是美元实际利益与需求的考量。实际上的美元走强处在阶段区间,只是伴随经济比较因素的明显差异而起,这种比较性刺激美元走强超乎预料与设计规划有关,美元贬值急不可待。

从去年下半年美元战略与策略开始实施强美元走势,这一方面是基于与欧元竞争、较量的综合性考量。美元对欧元的竞争进入白热化阶段,欧元分化的可能将伴随欧元贬值与

谭/雅/玲/锐/评
人民币短期与长期升值应如何看待？

美元升值而临近。因为这种汇率水平既没有反映欧元区经济的真实，更使欧元无法抉择自己的汇率水平价值需要。因为欧元区的不均衡与差异越来越大，欧元的实际价格难以评估与界定。另一方面则是美元实际利益与需求的考量。美国经济的繁荣与稳定周期可以短期承受强美元走势，而这也是美元继续走升的重要基础与市场必须。实际上的美元走强处在阶段区间，只是伴随经济比较因素的明显差异而起，这种比较性刺激美元走强超乎预料与设计规划有关，进而美国经济受伤于美元走强严重，美元贬值急不可待。

基于上述观点的基本认识以及长期跟踪美元研究的经验，笔者认为当下美元需要寻求的是美元贬值的时机与条件，并非一味地继续升值。理由在于三点。

第一点是美元全球化经济的特性与众不同。美元特性是历史过程的使然，更是美元战略意图的设计。其中美元定价与报价的现实已经决定美元地位的特殊性，其不同于一般的自由货币或发达国家的一篮子货币，它属于特殊权力的货币。因此，我们的市场以平常货币和普通货币议论与预期美元走势的偏颇在于对美元理解力的不足，只是从货币价格角度思考较多，严重忽略美元特殊性的身份，尤其是美元汇率的最终目标所在，进而强势美元的预期心理错位美元目标与宗旨严重。如果从美元背后的国家利益角度看，美元贬值是有利于美国经济本身或有利于美国全球化的战略进程。因为货币贬值会有利于经济竞争力的维持与发挥，反之货币升值必然削弱经济竞争力或直接冲击经济增长。日本教训值得思考与借鉴。所以美元升值不是美元战略宗旨与目标，美元贬值是其基本策略，强势美元价格的预期并不是美元的诉求，反之只是一种策略和时间、技术的运用。

第二点是美国经济周期性的选择与众不同。从2000年来看，美国经济一波四折：一波是美国经济新时代的来临，即创新经济、研发技术和引领行业为主的升级换代经济周期与阶段。突出的特点在于美国工业化时代处于"Again Industry"阶段，其是升级版与创新版，完全不同一般国家的工业化时代。四折在于：一折是美国高科技泡沫破灭的经济衰退，恐怖事件、地缘政治凸显对美国经济的冲击；二折是美国面临流动性过剩的经济调整阶段，高增长转向低速增长；三折是美国新型金融危机的风险应对，经济周期与经济衰退处于全新时期；四折是美国货币政策反转结构的调解时期，经济持续与强劲复苏凸显。但是这种状况最终是推进美国经济新时代、新周期、新结构、新组合，特色在于流动性过剩的全面引领与指引，美元霸权的再发威与再垄断新时代，即美元份额的扩张，回归欧元抢占份额之前的美元地位，美元一只独霸的回归；美元市场覆盖率全面垄断时代，美元定价与报价已经从金融领域扩张到资源、商品与农产品全方位的调控，美元为主的霸权鼎盛时代。这也是形成美国经济复苏的强大

谭/雅/玲/锐/评
人民币短期与长期升值应如何看待？

推动力，经济全球化的结构与份额力量刺激美国经济复苏超出预期强劲，这与美元霸权引领与覆盖范围有紧密关联，更是十分重要的基础要素。

第三点是美元货币政策性的宗旨与众不同。几年来，美联储的政策焦点十分集中与敏感，美联储因素是困惑市场的重点。然而，与美元理解力一样，美联储的特性是基础要素，即美联储是平常和通常的中央银行吗？一般的中央银行宗旨与目标是为本国本土经济服务，而美联储作为美国的中央银行绝非如此，其基点来源于美元的定义与定位，进而美元的货币供给量是以世界为主，美联储的政策宗旨并不是以本国本土为主。货币供应量大头的60%供给在世界范围，小头的40%在本国界内。因此，美联储的QE是释放与覆盖美元的影响力和市场份额，并非是市场解读的因为美国华尔街的金融危机，或美国经济衰退，这些只是美联储QE的次因，不是主因。伴随美联储的QE，欧洲的QE和日本的QE是否一样耐人寻味？而美联储要求欧洲和日本宽松的宗旨与目标也就十分显然，并非是完全为他们的经济而言，反之是为美元掠夺与占有创造更好的条件与空间。此时的美元升值或许也就明白其用意何在，即扩大的是美元的影响力，而非欧洲和日本救助经济的实际需要，用心十分巧妙与透彻，凸显美元高级化的鹤立鸡群。

通过上述分析，我们不难看出美元升值的两个层面。

第一是美元无奈的顺势而为。无奈是因为美元经济基本面与欧洲和日本等发达国家比较之后的优势明显，美元升值是无奈的一种选择，但并非是美元的本意。因为美国作为全球化的经济构造，以及技术创新的产业引领，美元升值必然伤害这种构造与技术的发挥与收益，甚至会严重影响利润回报，美元升值对美国经济的抑制作用是明显的。其中去年第三季度与第四季度经济增长指标是一个明显的例证，即从5%的增速下降到2.2%，美元升值对美国经济是不利的是可以确定的。另外美国银行业也受到较大的冲击，美国联邦储蓄保险公司2月24日公布的数据显示，去年第四季度美国银行业整体盈利同比下降7.3%，6509家商业银行和储蓄机构的净利润总和为369亿美元，同比下降29亿美元。当季美国银行业净利息收入同比上升1%，但非利息收入同比下降0.3%，其中住宅抵押贷款销售和证券化相关业务收入同比大幅下滑30.8%。美国联邦储蓄保险公司承保的机构中有61.2%实现利润同比增长，9.4%的机构出现净亏损。当季具有较大倒闭风险的有问题的银行数量比上一季度减少38家，降至291家，并创6年来新低。但去年全年美国银行业实现整体盈利1527亿美元，同比下降约1%，为5年来首次出现年度下滑。其中美元升值的冲击是不能回避的。综上所述，美元升值的主观性不存在，美元升值的客观性十分明显。顺势而为在于美元策略的灵活性和成熟性。任何一种货币的升

谭/雅/玲/锐/评
人民币短期与长期升值应如何看待？

值与贬值都是相对的，美元贬值与升值的转换是必然的周期与规律。美元的高级与成熟恰好是运用这种自然规律顺势而为，最终目标是铺垫美元继续贬值的基础和时机。美元升值的基础因素被推进，美元升值的技术因素在设计，这两种关联加大美元指数直线上升、难以抑制，但这不是美元的宗旨与选择。

第二是美元长远的深谋远虑。美元作为一个特权与霸权货币，实际上的成熟性和娴熟性是相当具有历练和经验的。因此，目前的美元升值恰恰蕴藏未来更大的风险。

第一个风险来自美元贬值的始料不及。市场陶醉在美元升值，买美元风潮十分激进，进而为美元贬值铺垫技术与规模基础，美元贬值不仅会很快来临，而且速度会较快，幅度会较大。一方面是美元贬值要保全美国经济的需要，另一方面是打破市场预期应对的策略选择。这对美国而言是心里有数的对应，而对于世界而言则是始料不及的难以应对。

第二个风险或引起欧元的分化乃至瓦解。欧元是美元主要的对手和唯一的对手，其他国家的货币并不具备对美元的挑战或抗衡，唯有欧元的挑战具备抗衡性。因此，从欧元出台至今，无论欧元贬值或欧元升值都不是欧元实际需要，反之是美元做主和控制的结果。从目前欧元经济基本面看，经济刚刚呈现复苏的迹象，似乎与前期欧元升值相背离，欧元升值本应不利于欧元经济竞争力，但美国机构的投资投机青睐于欧洲股市,进而即使有希腊问题风险存在,欧洲股市上涨不减,高涨创新不断,这对刺激与带动经济是不容忽略的。但实际上的欧洲经济尚无根本性的转变,其表现在失业增大、通缩严重、制造业不景气。股市高涨与经济基础脱节,所以很难说欧元区经济复苏来临。而目前的欧元贬值或许将继续酝酿欧元升值,进而彻底摧垮欧元区经济基础环境,进一步打击货币合作的协同。目前的欧洲央行 QE 很难说会成功,因为数量的概念很难兑现,给谁买谁是一个难题,即使按照权重购买债券将会进一步引起矛盾与分化,即好的成员国不愿帮助坏的成员国,政策协调的风险将会直接导致货币合作松垮乃至分裂。最新的调查显示,若欧洲央行 QE 无效,未来等待欧元区的或许只有解体。一份调查显示,投资者 2 月对欧元区解体的预期升至两年来高点,即便之前希腊与欧元区伙伴国就关键的金融救助达成一致,Sentix 欧元区解体指数(EBI)升至 2013 年 3 月以来最高,38% 的受访者预计欧元区将在未来 12 个月内解体,高于 1 月时的调查结果 24.3%。这一指数在 2012 年 7 月达到 73% 的高位,并在 2014 年 7 月触及低点 7.6%。为了挽救欧元区经济,欧洲央行不得已推出了 QE,更是来自美国给予的压力推进,但是否真的有效,需要时间去检验。如若 QE 无效,加上宛如定时炸弹的希腊局势,也许等待欧元区的只有解体了。所以美元升值是铺垫欧元升值的一种策略,恰恰未来的欧元升值将会致欧元

> 谭/雅/玲/锐/评
> 人民币短期与长期升值应如何看待？

于死地。回顾2010年所谓欧债危机的一年，欧元下跌到1.17美元，随即快速反弹到1.40美元。而目前欧元区经济环境比那时要好，欧元贬值却比上次更低，最低已经见到1.06美元，这是12年来的新低，其中的原因与主宰十分重要，深谋远虑的策划耐人寻味和发人深省。

第三个风险或再度引起国际竞争危机风险。确切地说是发达国家的实力发挥更优，发展中国家的规模与速度将明显减缓甚至收缩。金融市场则更突出价值投资的回归，减弱与减少价格投机的冲动和膨胀。但是更多的新兴市场国家和发展中国家正处在投资与投机的膨胀期与扩张期，这势必会导致危机的爆发或风险难以控制。危机概念的爆发性正在增加，新的问题的焦灼与敏感十分严重。重点地区在于欧元区、亚太地区、中东地区，市场风险控制面临巨大挑战。

预计美联储加息会很快来临，提前的可能性加大，但是美元加息不一定会带动美元继续升值，或事与愿违。因为投资回报率和投机回报率已经远大于利率上行，利率对市场的吸引力和调节力需要进一步理性论证。我们处在传统理论过时、新型理论尚未确立与创立阶段，流动性是一个关键因素。传统理论基点是流动性不足，如今现实基础是流动性过剩甚至是泛滥，因此无论通胀、通缩，投资投机回报率以及风险控制指标等都需要全新确立与梳理。美联储加息不一定带动美元升值，并应关注美元资产汇率与股票的组合和搭配。

预计美元升值将会有所节制，美元贬值急不可待。通过对美元指数今年走势观察，每一个新水平跃上新高之前，美元指数的下行动向凸显，上升新高点具有很强的突发性以及数据刺激性。美元指数的回调与修复更值得关注。特别是强美元概念的基点在哪？市场大多数预期在于美元价格，但美国自己的期待是美元的价值，更确切地说是注重美元的市场份额与势力垄断，并非是美元价格的低级简单追求。美国的高级化和高端化遵循的是金融与汇率基础原理——货币升值削弱竞争力、货币贬值增强竞争力。预计美元指数全年有升有贬，延续上年的基数，全年美元贬值的可能性更大。预计短期美元指数将会快速回到85~80点，这似乎是美元指数的基本点，无论对自身经济而言，或对欧元竞争而言，80点基数上下波动将会进一步扩大，年中之后到年底美元或升值，但是有限，美元贬值的意愿与策略将会有更大的可能，美元贬值已经留有充分的余地与空间。美元风险评估盲区盲点的偏颇应该引起重视与修正，对美元认识的合理与理性将直接涉及对我国人民币的评估与选择，而今年人民币的风险挑战更大，内外夹击的风险压力值得重视与认真对待。

日元贬值的内需外力

(2013年1月31日)

日元贬值是自身国情的实际需要,更是外部因素的顺水推舟、深谋远虑,不可掉以轻心。

岁末年初日元贬值格外醒目,市场议论众说风云,笔者基于长期观察和研究国际市场的角度认为,日元贬值是自身国情的实际需要,更是外部因素的顺水推舟、深谋远虑,不可掉以轻心。货币战争并不存在,货币竞争则更加激烈,多元化的货币战略新组合和新合作更加深入,值得深入研究日元贬值的前因后果、来龙去脉。

1. 需要关注日元贬值自身利益和需要

汇率本国需要与需求特性表明,日元贬值的内部经济利益最大化是主导因素。尤其是日本经济面临20余年的衰退局面，日本出口的重要地位和作用依然存在。即使时代变迁和日本经济转型存在，但汇率对于出口而言的基本原理依然不变，即货币升值杀伤竞争力，货币贬值增强竞争力。美元读懂了这一点，美元贬值是增强了美国产品实力和竞争力；越南读懂了这一点，货币贬值增强了越南产品和制造竞争力；墨西哥、巴西、印度都读懂了这一点，追求货币贬值以增强自己产品竞争力和国家地位。日元汇率正是基于这最简单的道理与原理采取日元贬值对策，以实现经济自救和复苏。

（1）日本国内经济需要的选择。从日本自民党在去年12月的大选中获胜之后，日元贬值已经达到10%，所谓安倍经济学就是设定2%以上的通胀目标、扩大金融的量化宽松，使日元贬值促进三驾马车的均衡与调整协同，其核心就是将滞胀当作经济长期低迷的重要因素治理，解决日本滞胀问题是日本经济复苏的前提。为此，安倍政府决策不惜一切扩大国债发行规模，扩大公共事业的投入，包括实施日元贬值策略。试图以此刺激消费和投资活跃，加上日元贬值形成出口竞争力提高，使使民经济的三驾马车尽快奔驰起来，使本国和世界期望的经济增长变成实际的经济增长。日元贬值对症本国实际状况措施是有效和深思的结果，并非舆论调侃的是一种幻想或搞坏经济的计划。

（2）配合美国策略需要的迎合。日元贬值一定程度上不是日本需要,更多的是美元需求。一方面是这种搭配或许有利于缓解外汇篮子货币的技术需要,日元贬值刺激欧元升值的需求更突出,进而欧元兑日元升值到123日元,进一步拉抬欧元兑美元汇率升值到1.35美元。欧元是美元唯一的竞争对手和目标,日元则是美元重要的战略货币和合作者,进而日元汇率迎合美元对策需要是核心,日元贬值的外部需求是必然。

(3)日本产业转型需要的体现。日本作为一级发达国家经济体的实力依然存在。尽管日本经济衰退时间和周期较长,但日本无论国家竞争力或产业竞争力的优势依然存在,日本依然是世界尤其是亚洲不可忽略的重要经济体。尤其是伴随日本产业所谓空心化的论调,市场对日本产业的忽略严重,实际上日本产业的崛起在悄然实施。例证一:2012年11月12日日本经济产业大臣枝野幸男在众议院预算委员会上指出,至2013年下半年日本对于我国稀土的进口依赖程度将降至五成以下,而当前日本所需的稀土八至九成需从我国进口。实际上,日本政府很早便将摆脱对我国稀土依赖提上日程,日本多家企业也早已开始在我国以外的国家投资稀土资源,同时在国内研发稀土提取技术,稀土并不稀少是其战略对应。近年日本在越南、哈萨克斯坦、印度和澳大利亚四国所获得的稀土供应已经超过日本年需求量的一半,一旦日本相继从这些国家获取稀土资源,将对我国的稀土进口依赖从90%降到40%。而过去日本90%以上从我国进口的稀土，其实生产仅用了进口量的1/3，其余用作战略储备。据估计，储备总量足够40～50年之用。例证二：日本在经历了2011年3月发生的地震、海啸之后则加紧海外转移战略，日本制造业向国外转移由日本制造将会逐渐取代在日本制造。美国企业跟日本企业在海外转移方面有很大不同，美国是通过把产业链打开把生产组织包括商品的采购、零部件的采购大量地向海外伸展；而日本企业是在一个产品的核心部件、核心技术方面集中收缩，而把相对次要的环节或者开发领域向海外转移，真正的产品包括技术的进一步的研发的环节还有集成特别是技术集成方面，日本是绝对不会放弃的，因为这个领域也是他们最具有竞争力也是最强势的。我们需要的是重视日本产业与经济研究的真实与理性。

2. 需要探讨日元贬值的外部合作和战略

日元贬值的外部性也不能忽略，尤其是面对一个全球化的新趋势，即以金融市场为主的时代，日元也需要加强自身金融能力和势力的恢复，日元贬值潜藏的战略图谋也是不容忽略的。更何况美元与日元的紧密合作是基于国家战略和利益的谋和。美日之间全球化宗旨和目标一致性使两者货币，确切地说是两大货币加紧合作、谋求全球化利益和诉求，不是简单的汇率水平变化与调节。国际关系的复杂性和高端性是有规划和策划的，并非是价格表象那么简单。

谭/雅/玲/锐/评
人民币短期与长期升值应如何看待？

（1）日本本土战略组合的本意。伴随日元贬值看到的是日本股市高涨，进而促进或恢复日本国际金融中心的地位与影响十分紧迫，也正当其时。当今全球股市为主的发展态势依然清晰，日本则具备股市上涨的实际与条件，尤其是1月30日日经指数上涨突破11100点，日经指数收到11113点水平，为两年零9个月的高点，表明日元贬值的搭配并未伤及投资信心，这也是发达国家十分高明与有效的资产投资选择与运用。日元贬值不伤及投资信心，反之会调动投资情绪和回报，日本作为本土化财富效应充足的特色国家，这种组合的结果将会极大调动本土资源的经济发展潜力。

（2）日本外部战略对策的旨意。日元贬值在一定程度上取决于外部意愿和对策，并非是本国主张和策略。因为美日之间货币政策的默契早已达成，日元的顺应和随从特色十分突出，基础就在于两者共同的全球化战略选择和取向。这是美日之间货币政策默契的关键与核心所在。因此，日元贬值一定意义上不是日元所为，而是美元所致。美元对策的本意是帮助日本经济复苏，日元贬值拉动日本贸易，一箭双雕于美国自身内部贸易需求、刺激日本贸易繁荣。更重要的是以此缓和中日之间钓鱼岛的紧张局面，不希望战争爆发，以日元贬值缓冲日本政治情绪、回归经济实际需要，容忍日元贬值的策略是政治权术与经济诉求的谋和。

（3）日本国内结构策划的创意。日元贬值的本土需要则高度体现在改革与创新的规划。造成日本经济长期低迷的最大原因是零利率下陷入流动性陷阱的金融紧缩，这虽然是金融现象，但其原因并不在金融市场，而是经济增长潜力缺失。提高劳动生产效率、提升日本企业竞争力，强化革新的基础，加强研发的投入，推进各项制度的改革，以图达到经济结构的改革，从而强化日本经济的竞争力和增长力。而日本已经在环保处理、新能源研发、绿色经济上有所作为，安倍政府更注重日元贬值给日本企业带来新的竞争力。日本企业已经具备应对汇率风险的能力，汇率本身的变数将不会直接影响企业利润，但汇率变数的产业竞争力的覆盖或扩张则是日元贬值新的角度与转折。目前日本企业已经将其20%以上的生产转移到了国外，汇率对生产的影响已经大幅减低，日本企业需要的是更加大胆的创新。

世界在变，金融危机在变，金融理论在变，国际货币格局在变，日元贬值的内涵也在变，这才是日元贬值的透彻观察与思考角度。

尤其是在当下我国经济与贸易的不确定性之中，我国人民币汇率将面临两面夹击。一方面是受制于美元汇率的影响继续，但是汇率技术性的转折将会十分复杂。预计年内即使美元贬值继续，我国人民币升值将难以延续，未来人民币升值有限，人民币贬值压力巨大。我国人民币面临的新挑战是能否扛住人民币贬值的压力，这是对我国经济信心和实际对

谭/雅/玲/锐/评
人民币短期与长期升值应如何看待?

策的巨大挑战,人民币贬值的应对和准备十分必要。另一方面是日元贬值对我国贸易的冲击性,包括人民币兑日元汇率的复杂性。尤其是我国贸易在经历去年较大的压力之后,今年的贸易形势并不乐观。我国内部的准备不足和效率不高是巨大的挑战,而外部的日元贬值将会加剧日元产品的竞争力和出口的优势,甚至将直接冲击亚洲市场的出口组合和矛盾,对我国贸易外部环境的破坏性和干扰性加大。而对于我国人民币的投机套利将会加大,尤其是对日元汇率水平的诡异性必然加剧投机风险,而非投资价值,市场心理和策略的短期、草率、急躁将会十分突出,这对于经济信心和市场技术具有巨大的干扰和冲击。我国无论贸易或汇率都潜藏巨大的风险,值得引起高度重视,长期考量、准确定义、有效改革、短期突破、积极应对。

美元贬值有利于自身利益收获不利外部风险控制

(2009年)

> 欧元不消失,美元就不会改变贬值策略,因为货币升值将严重伤害与打击经济竞争力,欧洲已经受到伤害,美国不是削弱势力,反之是强化了势力。

国际金融市场美元汇率呈现快速变化,笔者连续数周的预期水准出现,美元指数从87走低位82水准,其中美元兑欧元汇率从1.28美元下跌为1.35美元,尤其是一天之内价格变化呈现400点下跌幅度,美元跌幅达到3.8%,是欧元问世以来单日最大下降,接近周末则进一步下跌到1.37美元水平;同时美元兑日元汇率也从99日元下跌为96日元;美元

谭/雅/玲/锐/评
人民币短期与长期升值应如何看待?

兑英镑汇率则从1.39美元下跌为1.43美元;美元兑加元汇率从1.29加元走低到1.24加元;美元兑澳元和新西兰元也随从变化,幅度小于主导货币汇率变化。

美元快速的变化理由并非充分,但是美元自身技术性修正以及企业利益,尤其是海外企业的利润需求是美元变化的两个重要依据。然而市场原因分析更多停留于美联储政策应对,但是这并非是能撼动美元变数的真实原因。汇率基础在于经济,而近期美国经济基本数据并没有形成对美元汇率走向改变具有实质的影响。一方面是美国经济指标低迷突出,美元汇率逆转或将不利于经济复苏需求,但是美国企业竞争力需求迫切需要美元走贬,美元有节制的升值与贬值是美元变化的最重要参数。另一方面是美国股市近日上涨紧张突出,一周里美国三大指数呈现连续较大幅度上升,美股周二大涨,其中道琼工业指数收高近2.5%至7395点,这些也是美元资产搭配性价格所引起的美元变数因素之一。一周的经济数据最为突出的是美国2月房屋开工年率跳增22.2%,为2008年4月以来首次增长。周二公布数据显示,美国2月房屋开工和建筑许可双双自纪录低位回升,呈现10个月来首次增长,美国商务部公布的2月房屋开工跳增22.2%,是1990年1月以来最大百分比变动幅度,为去年4月来首现增长,年率则为58.3万户,1月时为47.7万户。这使美国黯淡经济形势出现一丝亮丽,尽管这些数据并不标志着低迷楼市的趋势开始扭转，但透露出一些企稳迹象，这有助于缓解美国未来经济压力。同时美国劳工部公布的2月PPI较上月仅增长0.1%，1月增长0.8%，2月PPI和上年同期相比下滑1.3%，为2002年9月以来最大降幅，这反映出能源成本大幅下落，工业领域普遍面临定价力消退的情况，中间及核心物价依然在向下走，暗示物价压力还将进一步减轻。为此，美联储本周例会之后对经济评估为，包括工厂、矿业和公共事业企业在内的美国工业生产2月下降1.4%，为连续第4个月下降。2月美国工厂生产下降了0.7%，但降幅远低于前一个月的2.7%。当月汽车及其零部件生产增加了10.2%，此前却连续4个月下降，且1月的降幅高达24.7%。美国工业总的设备开工率2月为70.9%，低于前一个月的71.9%，也低于去年同期的80.7%和1972年至2008年的平均水平80.9%。美国经济因素难以判断，美元变数不完全在于经济。

尤其是最近的美联储例会之后所宣布的组合应对对策成为美元贬值的普遍认定，但笔者认为，美联储政策组合包括对美国国债的选择包含诸多复杂因素，而尚未实施并不会带来实质影响，心理因素和舆论借助是变化理由。一方面是在金融问题恶化局面中，美国政府用自己的行为支持自我信心，并试图带动全球对美国投资的延续，告诉市场美国国债的可信和可靠。另一方面也是最为重要的美元贬值因素，就是美联储维持0~0.25%美元低利率甚至零利率的决定，不仅产生

谭/雅/玲/锐/评
人民币短期与长期升值应如何看待？

美元利率与其他利率的差异，更有理由促成美元贬值生成，实际结果有评估认为相当于美联储下降利率75点，尤其是欧元利率明显高于美元，美元顺势调整的理由是十分充分的。而市场更多是从短期因素思考政策基点，其结果必将超出预料效果。历史已经可以得到验证的是美国以战略应对风险，目前得到的是收益和主动，无论美国资本流入或结构逆差的改观，都有战略远见性的调整策略。而全球其他国家和地区则以价格应对问题，因此更多国家和地区是从小冲击到大冲击，从主动变为被动。美元突然贬值更多是美国自我意愿的体现，是自我技术性利益保护的需要。其得到的理由就来自美联储政策结果和国际比较作用。美联储没有变化的政策结果符合市场普遍预期，这还包括美联储将在未来6个月内收购至多3000亿美元长期美国国债，另购入至多7500亿美元的抵押贷款支持证券，这不仅表明美联储官员手中仍然拥有强有力的工具来对抗经济衰退，同时也显示美国刺激和拉动投资信心的手段多元化，美国股市上涨的作用就是最好的说明。

美元近期一直在寻求贬值机会。因为美元贬值对于经济结构，或企业海外竞争力都是有利的，美元贬值弊大于利是十分清楚的。金融风暴中的美元升值是美元策略乃至战略性的需求，进而得到所谓金融危机超出常规的价格组合。

面对全球前所未有的金融风暴，国际金融形势错综复杂，国际金融价格前景扑朔迷离，国际金融风险超乎预料，国际金融呈现新的发展趋势与特点形式。因此，重新认识国际金融形势与特点是我们判断风险和把握自己十分重要的基础。2007年年中开始的美国次贷问题至今已经演变为国际金融风暴，问题的焦点已经从房地产行业的次级按揭贷款恶化为具有金融创新特色的次级债券的风险，从单一的房地产价格与合约恶化为综合多种参与的金融债券不可偿还和金融衍生品的不可信赖的信用风险。全球金融事态变化则从一个国家恶化为全球综合性问题，尤其是价格的不断下跌导致机构、体制尤其是信用和信心挫伤扩大和加快。因此，如何评估当前的形势以及特点则是应对和解决问题的关键。如果对于国际金融形势和特点的认知难以清晰甚至混乱，我们无论运用何种手段，恐怕都难以逃脱金融冲击，甚至将从表象的金融危机转为实实在在的金融危机。目前金融危机是心理恐慌所导致的弥漫与扩散型的心理危机认定，而实际金融指标并没有达到金融危机程度。笔者综合思考认为当前的国际金融形势具有6个特点，值得警惕和防范的是未来，值得对应和改变的是突破。

特点一：国际金融危机超规律

过去国际金融市场所经历过的金融危机最为突出的表现是一个国家的股票和汇率价格同时下跌，两种指标下跌不可节制和控制，同时会导致国际资本快速撤离这个国家，国家

谭/雅/玲/锐/评
人民币短期与长期升值应如何看待?

信用面临危机乃至挑战;随之这个国家的金融机构出现倒闭和破产,金融信用担忧和恐慌导致社会挤兑,居民大量提款;最后必然引起这个国家经济下滑乃至衰退。但是自2007年延续至今的所谓全球金融危机,尤其是美国金融危机却与过去历次金融危机具有明显的不同。其中最为突出的表现是发生所谓金融危机的国家的货币不是在贬值,而是在持续升值和保持稳定,投资信心指数不是下降,而是吸纳更多的资本流入。如美国金融市场在发生全球认知的金融危机时期,美国股市不断下跌,价格指标具有一定代表性——道琼斯指数从2007年10月的14000点下跌到目前的6500余点,而美元汇率则从同期的70点上升到89点;同时美国的单月资本流入从百亿美元增加到千亿美元,特别是从2008年9月16日以美国投行雷曼所谓破产事件开始,全球金融风暴进入第二高潮,全球金融市场和资源市场价格进入全面且新一轮跌势,然而此时美国资本流入却达到前所未有的1400多亿美元,随后10月增加到2800多亿美元。美国金融市场价格下跌或价格上涨,都有明显的自我意愿和自我需求,有时是维持经济信心需求,有时是维持投资信心需求,有明显的自我意愿和自我主张。美国股市下跌是有节制和有搭配的运行,如美国三大股市指标有参差不齐的走势,美国股市与美元汇率更有不同的走向,全球资源板块的两大指标——石油和黄金指标也有不同的控制性趋势。美国依据自身经济和金融信心、心理和实际状况，运用美国独有的美元报价体系、美元独霸的货币机制以及美国金融的实力规模，主动调整和调控自我阶段需求和自我风险控制。美国与昔日相比不可能做到一荣俱荣，但是美国却有效地防止了自我一损俱损。美国经济因金融风暴发生了严重问题，而这种严重问题是在美国政府与政策控制力之内，而不是失控。美国所谓金融危机的价格选择是美国战略的体现，是自我控制力的效率。美国的过于自我获得利益需求和结构调节、有效保护自己和谋略他人、长远勾画价值和制度改革。

从当前国际金融问题的另一个角度看，一方面是这次所谓金融危机发生于全球发达国家，特别是美国这种独特的金融危机，与发展中国家金融危机具有本质的不同。发达国家金融规模、金融制度以及金融效率所固有的全球支持、覆盖以及影响，至今并没有形成真正意义上的金融危机，也没有过去发展中国家和地区的真正金融危机所导致伤害的程度严重。另一方面是这次所谓金融危机的全球经济环境具有差别，包括经济实力、经济效率以及经济主导等诸多方面，发达国家比起发展中国家具有更大的回旋或调节余地，发达国家质量型经济模式对于所谓金融危机的承受超出历史金融危机的冲击。首先，发达国家并没有金融危机。无论从金融价格到金融机构，以及金融政策都没有达到与当年发展中国家金融危机相似的局面，即金融价格指标的突出表现——股票和汇

谭/雅/玲/锐/评
人民币短期与长期升值应如何看待？

率不是同跌或暴跌，而是一涨一跌；金融机构指标的随从状况——少数有问题、个别倒闭和破产，而在倒闭、破产中存有争论和不确定性；金融政策指标的主导强化——美联储已经超出国家作用，而成为全球具有重要影响和引领的中央银行，美联储政策引领达到前所未有。透过金融价格、金融机构和金融政策考量金融危机，既没有达到金融危机，更没有失控或达到不可抑制的状况，无论价格、无论机构、无论政策，乃至无论国别、国际以及全球都具有组合性特色存在，包括市场价格组合、机构搭配组合以及国家差异组合，独特金融危机带来的不是眼前风险，而是未来风险。

透过当前金融危机认知的混乱，金融市场值得关注和警惕的是全球未来金融风险的判断和预警，尤其是对未来金融危机的认定和控制将愈加复杂、愈加艰难、愈加个性的评估。而作为金融经验、历史与实践缺乏的国家，应对金融危机的难度将更加突出，自我实际的金融风险和金融危机的界定，各自特殊的金融国情和金融力量的评估，以及国际之间的比较和把握将更加困惑和复杂，并不可掉以轻心。从现实结果看，全球在没有真正金融危机前提下的政策应对有点过头，金融初衷与金融效果的不对称式认知发生了问题，我们应该全面综合和实际考量研究金融危机问题，而不能简单罗列和短期比较。金融市场的风险判断和危机判断出现混乱和迷失，对于金融危机界定与评估的混乱将更加不利于未来各国评估风险和判断风险。

特点二：世界经济衰退超定义

伴随国际金融危机超规律的金融市场的另一困惑就是对经济衰退的认定与判断。从历史经验看，世界经济衰退的定义是2002年10月美国国家经济研究局所界定的，即一个国家有两个季度连续负增长，这个国家视为经济衰退。目前欧洲和日本，包括全球普遍的认知都以此作为经济衰退的基本标准。从现实表现看，2008年12月美国国家经济研究局宣布美国经济2007年12月进入经济衰退，理由在于美国国家经济研究局对经济衰退的定义不是实质国内生产总值（GDP）连续两个季度萎缩，而是根据经济活动下降、经济各个领域都出现放缓并持续几个月以上重新认定经济是否陷入衰退。世界经济环境的复杂在于经济衰退定义的随意与自我，国际金融风暴的根源有诸多原因，包括道德风险、金融创新风险，以及金融产品风险，无论金融衍生产品，或金融监管不严，或金融产品设计缺少远见，最终是美国因素而起，美国因素的核心是美国过于自我，美国明确自我的阶段调整、明确自我的核心调整、明确自我的竞争对手和竞争风险。国际金融风险的结果所导致的笔者见解——美国受了轻伤、欧洲受了重伤和中国受了内伤，最为重要的是自我认定和控制的问题，而不能简单罗列指标，或追风随潮的简单评估和盲从跟从。

从表象看，欧洲和日本是依据美国国家经济研究局2002

年所界定的连续两个季度的负增长，确认和评估经济衰退的状况。而美国则在2008年年底重新修订经济衰退定义为连续数月的经济下降，美国在上次指标休整之后，现今是依据新的标准考量经济衰退。全球经济发展水平的参差不齐中已经产生经济质量和本质的差别见解和差异评估。但无论发达国家经济如何变故，发达国家质量型的经济已经远比发展中国家数量型的经济具有承受力和抗击力。面对独特的金融危机与经济衰退的评估，世界经济环境的考量面临特殊时期的特殊需求，但是最为重要的是每一个国家必须有自我认定的国情考量，并不能一个方向认定评估和调整，这样不仅不利于经济政策准确、有效，反之将制造经济更加困难、更加复杂以及更加艰难的局面。

特点三：国际金融资产超价值

面对上述金融和经济问题的复杂性，国际金融价格调整更加变幻莫测，国际金融资产定价更加扑朔迷离。美国作为全世界最有钱的国家，一个美元因素成为造钱与发钱的机器；美国同时也是全世界最没有钱的国家，全球最大的贸易逆差和财政赤字都在美国。美元需求和资金需求是美国金融战略与技术的根本目标，也是金融战略的核心内容。一个美元和一个资金需求的驱动，美国在调动全世界的美元和资金、垄断全世界的美元和资金、重新分配全世界的美元和资金。从负债的角度，美元超价值，从债权的角度，美元也超价值，

第三章 货币博弈的激烈性在哪？

但是美元运行却自如、自主和自我，在创造风险与化解风险中应对和控制自己和全球，这是美元特有的特权、霸权和强权。

首先，核心是美元资产定价。美元短期价格不代表长期价值，这点已经得到2008年全年美元价格明显阶段性走势的验证。2008年上半年美元快速贬值，美元指数从82点下跌到70点；2008年下半年美元快速升值，美元指数从70点上升到89点。尤其在金融风暴愈演愈烈的状况下，美元信心不是削弱，反之进一步上升，美元在全球外汇储备中的份额稳定乃至上升，各国货币汇率的核心焦点在美元，无论交易、储备或结算的中心在美元，包括我国，虽然改变了单一盯住美元的汇率机制，但实际交易和定价中美元因素占主。美元定价体系决定美元超价值的自我。

其次，焦点是美元报价体系作用。回想2006年以来，国际金融市场一直存在的舆论焦点是各国外汇储备的多元化，然而至今，全球外汇储备中美元份额不是下降，反而有所上升，其中美元报价体系的独特与特殊性是不可回避的。尤其是面对国际市场价格的起伏错落，大宗商品价格上涨时需要美元购买，因为美元是唯一的报价货币，美元不可脱离或不可抛售；大宗商品价格下跌时减持美元投资，但是美元是唯一稳定和高涨的金融产品，美元也不可脱离，包括购买美国国债都是唯一的选择。美元报价体系的作用是现实金融和乱世金融无奈之选,也是必须之选。美元报价体系维系美元魅力和吸引力。

最后,关键是美元货币机制影响。全球目前的货币制度框架已经改变了欧元问世时期确定的三足鼎立的体制组合,一方面是美元、欧元和日元主导格局已经开始发生变化,美元、欧元和英镑三足鼎立的新概念已经呈现。另一方面是三足鼎立是一个虚设的结构框架,全球无论交易、结算或储备等结构比例中,美元依然占到绝对多数,目前国际货币体系的框架贴切地说应该是一只独霸、多边参与的国际货币体制。尤其是欧元出台后所挑战的美元霸权不仅没有削弱,反之美元霸权愈加突出,无论投资、交易、结算或定价,美元的"眼色"是必须考虑的核心因素。

从美国经济问题、美国金融问题等诸多国际关注的美国因素看,美元信用、美元债务风险,包括美元信用问题,都引起全球极大关注甚至担忧。可是如果从美国规模和实力优势,从美国高端、新型和现代角度考量,美国远见性和前瞻性是否已经设定和规划了自我的规避风险,全世界想到的美国更想到,全世界没想到的美国更早就会想到,这是全球金融市场最为重要的提示乃至关注。

特点四:国际金融主导超远见

透过过去与当前很多问题的争论,笔者观察的见解是,美国将长期战略至于短期策略应对之中,长期中设定短期对策，进而美国可以从被动变为主动，从一荣俱荣的霸权主导变为防止一损俱损的搭配对应。当前全球金融问题的重要是美国过于自我和全球自我不足，进而产生金融危机模式的改变与经济衰退定义的随意。美国作为具有充分历史经验和充分市场基础的金融战略大国，金融战略的成功和有效是前瞻、远见和防范观念决定的，而更为重要的是美国清楚自我和清醒自我。美国人"会哭"是因为美国明确自我难点和弱点，进而美国针对自我问题调节美元汇率的走势，不会让美元走势丧失投资信心，也不会让美元走势伤害经济结构；美国人"会玩"是因为美国知道自己的优势和地位，尤其是面对欧元挑战美元霸权和分割美元份额，美元是以退为进、以守为攻，采取搭配与组合货币手段，制造与美国有竞争力国家和地区的问题与困难，进而呈现对欧元的伤害、对俄罗斯的冲击、对伊朗的不战而胜以及对我国的不宣而战。

美国运用经济的大中玩险、运用金融的大中玩悲、运用汇率的强中玩弱势完全是出于自我长远利益的考虑和决策。因此，国际金融市场并不能透过美元短期价格评估长期价值。作为最为重要和强大且又有充分经验和历史乃至主见的大国。美元风险和信用压力不仅置于国际金融市场再关注，美国自己恐怕早已在预谋和筹划之中，进而我们看到美元信用债务在扩张，而美国资源储备在增加，无论石油或黄金，美国储备在快速增加，增加中这些价格是在下跌，这不是简单的顺势而为，而是深谋远虑。所有金融市场价格与资源商品价格的走势中，具有美国手脚与迹象的体现，短期价格透视的是长远战略谋略。美国在充分运用和借助金融的焦点问题，以价格核心调侃金融市场、摆布金融市场、配置金融市场、重新分配和选择金融市场。

特点五：国际金融竞争超战略

起源于美国的一场震惊全球乃至波及全球的金融风暴发展至今，全球得到的结果是美国好于别国——欧元区先于美国步入经济衰退，日本坏于美国处于经济衰退边缘，中国从幸免到严重恐慌以及严重动荡，似乎美国不仅没有严重伤及自我，相反全球受伤都严重于美国。而回顾历史，眼前的许多现象与状况表面看是简单重复，但经过透彻的思考和分析却发现未来的前景更加严重，甚至将发生我们难以想象的结果。

目前这些简单现象具有复杂的未来，2001—2003年美国引起的全球现象不仅将续演相同的剧情，并且将可能发生更严重的问题。回想2001—2003年美国经济衰退的争论，经济衰退的模型有L型、V型与W型三种，但最终美国经济却没有真正出现衰退，美国商务部在2004年7月底的经济数据修正显示美国经济2001年只有一个季度负增长，美国经济消除了美国全国经济研究局在2002年所宣布的2001年美国经济有10个月的经济衰退。但是在此期间，美联储连续采取下降

第三章 货币博弈的激烈性在哪？

利率的对策，美元利率水平从6%下降到1%，连续13次的下降利率结果导致全球流动性过剩，甚至制造次贷隐患根基。然而，在此阶段一个历史背景是美国"9·11事件"，一个历史结果是美国在2003年3月20日发动了伊拉克战争，随后美元上涨，美国经济开始进入较好的经济增长周期。而当前从2007—2009年美国相似的历史情景再现全球。2007—2009年全球关注与争论的是美国经济衰退，尤其是在美国经济指标尚没有显示经济衰退的前提下，全球都认定美国经济已经衰退，美国经济衰退的预期是U型。目前美国经济有过两次负增长，一次是2007年第四季度修正之后的-0.2%，另一次就是刚刚公布的2008年第三季度的-6.2%，但是两者的不连贯却导致认知极大的混乱。而美联储已经采取了9次货币下降利率的对策，美元利率水平从5.25%下降到目前的1%，未来预计利率水平将达到零利率，全球已经面临严重的流动性过剩，而并非美国或西方所渲染的流动性不足，因为美国纽约市场黄金和石油价格水平一夜之间可以达到26~100美元的上涨幅度，两者价格浮动区间从过去的10%~20%，已经上升到40%~60%，这些显示是严重流动性过剩，而不是流动性不足，是金融市场太有钱，而不是太没钱。此时全球的历史背景是美国次贷风暴，未来将可能继续续演2003年战争的范本，但是虽然美国还没有发动对伊朗的战争，但是美国对伊朗的金融战已经开始，并且美国已经获胜。众所周

谭/雅/玲/锐/评
人民币短期与长期升值应如何看待？

知，伊朗已经将其所有美元储备变为欧元，欧元 3 个月来已经下跌最多为 24%；伊朗是全球第二大石油生产国，而石油价格下跌已经达到 60%，伊朗无论金融财富或资源收益都严重受到打击。

特别是透过国际黄金价格的变幻莫测走势更具有国家利益战略长远的对应。回想 2006—2007 年前后国际金融市场对未来几年国际黄金价格预期上涨到 3500 美元的舆论，现在看来是有可能的，市场所担心的美元崩溃一旦来临，拥有大量黄金储备的美国将有"退路"防止自我信用和势力的维持与稳定，美国不能做到美国辉煌时期的一荣俱荣，但是美国却在有效地防止未来的一损俱损，保存实力是美国金融战略中产生黄金价格的观察角度。在当前黄金和石油价格回落中，美国不断扩充的是黄金和石油储备的数量，黄金价格回落的原因与效果具有深刻的战略设想和防范。从 2000 年开始，黄金从低位一路高涨近 4 倍，特别是在 2008 年的国际金融风暴的冲击下，几乎所有的金融商品和资源商品都没有逃脱价格崩溃式的打击，唯有黄金一枝独秀，没有跌到不可承受，黄金魅力依存显示的是美元最佳的信用替代品，是美元自我替代的选择。美国黄金储备不断上升之中国际市场弥漫美元信用崩溃的连接带来的思考是值得认真对待和长远规划的。

美国长远具有战略应对，经济焦点变为金融，金融转为货币，货币竞争是为维护美元霸权和强化美元地位。欧元挑战了美元，美元针对方就是欧元，价格表现背后的战略是货币竞争胜输的关键，现在高涨不代表永远高涨，现在调整不代表长远趋势。欧元不消失，美元就不会改变贬值策略，因为货币升值将严重伤害与打击经济竞争力，欧洲已经受到伤害，美国不是削弱势力，反之是强化了势力。美国货币政策是前瞻、防范与远见的，美国金融更具有长远的设想、应对与筹谋。回顾过去的金融经过，美国金融远见与长远，美国规避了经济衰退，有效避免了金融风险，即使当前这场金融风暴因美国而起，但美国冲击最轻。此轮金融风暴美国长远的设想在于：一是考验自我承受和调节程度，深度调整之后，美国将可能采取更大的调节与调整节奏与幅度；二是美国在关注与验证全球金融市场的承受和控制力，未来将针对性采取差别性对策，区别对待和处理价格与价值趋势；三是美国在重新选择与确定战略合作伙伴与竞争对手，考验自己需求的合作目标以及打击的对象和竞争的目标；四是更有针对性地确定未来的金融战略目标以及长远竞争的战略。

第四章 人民币短期与长期升值应如何看待?

此轮人民币升值,人民币汇率变动对我国外贸影响明显,未来人民币升值打压外贸是难以避免的。更何况我国正在追求中国速度转向中国质量、中国制造转向中国创造、中国产品转向中国品牌,这些转变都需要人民币贬值保驾护航。

该如何看待人民币短期与长期升值？

(2018年1月9日)

> 此轮人民币升值，人民币汇率变动对我国外贸影响明显，未来人民币升值打压外贸是难以避免的。更何况我国正在追求中国速度转向中国质量、中国制造转向中国创造、中国产品转向中国品牌，这些转变都需要人民币贬值保驾护航。

2018年1月9日，人民币中间价报6.4968，纵观2017年人民币全年升值6.4%，人民币升值走势对现时段的中国经济是好是坏值得深思。同样值得关注的是，去年全年美元贬值达到9.8%。美元在面对美国国内加息、减税等重要时刻，以贬值来协助其规避风险，这是人民币在应对国内经济结构

谭/雅/玲/锐/评
人民币短期与长期升值应如何看待?

调整时期应该注意的。对于人民币汇率的讨论，我认为应该理清以下思路。

其一，人民币升值影响对外贸易。回顾2014—2015年人民币贬值，我国外贸的复苏逐渐显现，而2016年人民币也以贬值收官，对我国外贸形势在2017年的加强起到了支持作用。毕竟货币的升值会削弱对外贸易竞争力，而贬值则会增强竞争力。我国去年的外贸增长突出，外贸企业的订单以及收益增长十分明显，2017年上半年经济超预期地稳定在6.9%，外贸的贡献度是功不可没的。2017年下半年至今，我国外贸增长依然稳定，增长指标似乎不变，但实际外贸进账却在减少。我认为，2016年年底人民币贬值态势以及预期2017年人民币破7的舆论使我国外贸订单增多，而2017年的汇率走势出乎市场预料，人民币一路升值，在看似利好的外贸指标下，部分外贸企业或许是顶着损失完成订单。所以，我们在讨论人民币升值时，需要清醒的是人民币升值背后的代价以及对未来经济可能产生的压力。

其二，未来人民币升值打压外贸将难以避免。汇率波动对制造业会产生显著影响。以德国为例，无论汇率怎么跌宕，德国实体经济保持稳定，其中制造业的稳定发展是根基，进而即使当年美国要求德国马克升值，德国人清醒自己的需求，坚持本币渐进升值，并非像日本一次性大幅度升值，保住德国制造业，也成为德国在2007—2009年实体经济不垮的关键

第四章 人民币短期与长期升值应如何看待？

因素。另一个案例是美国，无论美国经济走势如何，美元从20世纪70年代追溯至今，贬值为主的路径基本未变。即使是在2014—2016年美元升值期，美元的升值时限也很短，多数时间美元是以贬值为主。2017年美元贬值对保障美国经济强劲有深刻影响，即使在第三季度受强大飓风的严重打击，美国经济岿然不动，汇率的功能作用功不可没。再看此轮人民币升值，人民币汇率变动对我国外贸影响明显，未来人民币升值打压外贸是难以避免的。更何况我国正在追求中国速度转向中国质量、中国制造转向中国创造、中国产品转向中国品牌，这些转变都需要人民币贬值保驾护航，但是我们不是要货币刻意贬值，而是人民币技术修正周期的自然贬值、受制美元的被动贬值，更是市场机制建设中的主动调整。

其三，需要清楚人民币汇率变动的作用不止体现在金融市场。讨论人民币升值与贬值，市场似乎更在乎人民币的价格的走势，看重其在金融投资方面的作用，而忽视了其在实体经济、外贸方面的作用。因此，我们在讨论汇率话题时，也应重视预期汇率水平对实体经济，尤其是对外贸的影响。市场在讨论人民币汇率变动时有三点不当之处。第一是谈及人民币贬值便感到恐慌。其实汇率的波动性是所有市场价格最突出的，交易的全方位、灵活度以及交易的可转化使汇率波动难以避免，甚至伴随流动性过剩和货币竞争的潮流而继续被放大；第二是均衡汇率之谈，仅仅停留在价格层面。伴

谭/雅/玲/锐/评
人民币短期与长期升值应如何看待？

随人民币价格变动，所谓均衡汇率一直被炒作。其实人民币汇率的均衡点难以发现，经济周期结构调整艰难、市场规律技术性修正艰难、国际竞争目标性尖锐，使人民币在市场中作为竞争对手远多于竞争伙伴，人民币汇率的均衡点应重视自身的需求；第三是过于看重汇率的短期变动。汇率市场的竞争是长期的，并非体现在价格的短期波动上。人民币面临的严峻挑战是紧迫的事实，不仅仅体现在价格的敏感上。透过人民币汇率的话题，要关注金融安全以及金融风险，甚至金融危机。

预计2018年人民币将面临困顿阶段，前高后低的局面可能会使全年的经济压力增加，人民币贬值的周期与外贸形势的时段错位运行值得思考。因此，市场在预期人民币趋势的时候应该考量现阶段经济状况的特殊性：第一，人民币升值周期太长、幅度太大，贬值的技术修正、周期休整十分必要；第二，货币应当服务经济，经济结构调整需要相对稳定的货币，更需要弱势货币保驾护航；第三，汇率建设的紧迫性凸显，对于汇率的探讨要加强常识性、概念性、趋势性判断，减少情绪化、单边投资性、极端投机性判断，明确服务实体经济尤其是外贸需求十分重要。

（来源"中新经纬APP"）

正确看待人民币升值效应，未来还会继续升值吗？

(2017年8月16日)

> 人民币升值依然受制于美元，市场所言与预期的人民币升值与贬值的标的仍是以美元为主线。由于其他主导货币不支持美元贬值诉求，人民币升值具有国际货币战术的转移与借题发挥的原因。预计未来人民币升值有限、贬值继续，双边走势不变，浮动区间继续扩大，内外价差依然明显，做空人民币不会消失。

今年以来，伴随我国经济形势的好转，以及相对国际环境的比较优势，我国外汇储备增加势头重新延续。截至2017

谭/雅/玲/锐/评
人民币短期与长期升值应如何看待？

年7月末，中国外汇储备规模达30807亿，外汇储备实现6连升。7月储备数据继续维持3万亿美元线上水平，数据看似利好的局面出现。然而，透过市场动向与经济态势仔细梳理发现：我国外汇储备增长态势及汇率调转变化与企业进取结果具有直接关联，尤其是与人民币升值关联紧密。人民币升值减少热钱流出、吸引外商投资看似利好，但人民币升值走势下未来市场动态变数及潜在的经济压力不容忽视。

1. 外贸局势转好增强创汇能力

通过我国外贸发展近20年的"两起一落"的震荡走势可以发现，外贸环境与汇率走势关系密切。而今年外贸数据的积极进取也得益于汇率的保驾护航。去年第四季度的人民币快速贬值，是促成今年上半年外贸环境改观的重要因素。据海关统计，2017年上半年，我国贸易进出口总值13.14万亿元人民币，比2016年同期增长19.6%，其中出口7.21万亿元，增长15%；进口5.93万亿元，增长25.7%；贸易顺差1.28万亿元，收窄17.7%。纵观全球经济环境，新兴市场地位与国家崛起依然受到外贸的作用与影响，经济条线出口、投资、消费顺序中的外贸作用与功能是必要且重要的。外贸更是外汇储备的首要来源与积累，也是实体经济最直接的对外交往实力的体现。

创汇能力是外汇储备的基本要素。今年我国对外贸易增速较高，对实体经济发展促进较大，带来创汇能力的增强。

第四章 人民币短期与长期升值应如何看待?

上半年我国一般贸易进出口7.46万亿元,增长20.5%,占我国进出口总值的56.7%,比2016年同期提升0.4个百分点。我国外贸出口先导指数环比上升,连续第8个月稳中向好,6月外贸出口先导指数为41.5,较上月上升0.4。这些进取直接促进我国上半年经济增长达到6.9%。

然而,与国外先进水平相比,我国制造业还存在着阶段性的差距,未来我国必须通过加强自主知识产权、坚持自主创新等途径提高我国的制造业水平。对保护制造业升级换代而言,汇率护航作用十分重要。人民币应坚持维护、保护实体经济原则,准确评估水平区间,脱虚向实,使汇率真实性和有效性更加合理,进一步为外汇储备增加支撑。

2. 人民币升值带动原材料价格上涨或潜藏风险

今年第二季度以来的人民币升值,主要源于预期被垄断,操作依然没改变人民币做空套路,只是阶段变数灵活的刺激作用加大,助推人民币升值。上周人民币兑美元涨幅已经接近1%,一周连续突破6.72、6.7、6.68、6.66等多个关键整数关口,并创下2016年9月29日以来的最高值。

从市场交易细节看,从人民币兑美元汇率涨破6.7整数关口起,每天早盘都会涌现大量人民币空头平仓盘,不断奠定当天汇率大涨的趋势。最初,海外对冲基金在离岸市场不

谭/雅/玲/锐/评
人民币短期与长期升值应如何看待？

断平仓人民币空头头寸，最近不少持有美元头寸的境内企业也难以承受人民币汇率大涨所衍生的汇兑损失，开始在境内在岸市场进行人民币空头回补，这进一步放大了人民币汇率涨幅，并一度令境内人民币汇率（CNY）高出离岸市场人民币汇率（CNH）逾200个基点。不少海外对冲基金，正在不计成本地平仓人民币空头头寸，这足以抵销银行投放人民币流动性所带来的人民币下跌压力。

值得关注的是人民币升值带来的原材料价格高涨，未来对出口以及制造业的冲击在所难免。年初至今，人民币在岸与离岸市场价格分别上升4.5%和4.6%，价格区间双双从6.9062和6.9872上升到6.6460和6.6656。这种汇率走势直接牵动我国原材料价格上升，尤其是我国自主定价价格反弹明显。其中，煤指期货从285元上涨至609元，上涨113.7%；螺纹钢指数期货从1616元上涨至4053元，上涨150.8%。期铜从36990元上涨至51650元，上涨39.6%；期铝从12690元上涨至19925元，上涨57.0%。

目前，我国产业功能恢复再次处于汇率上升的打击之中。特别是脱虚向实进程中的产业功能刚刚恢复，这时人民币升值不仅导致价格联动的负效应，更加大了产业定力和主业方向的混乱局面，未来或形成新一轮的经济波动，增加第三季度经济变数。

3. 预计未来人民币升值有限

当前，人民币升值依然受制于美元，市场所言与预期的人民币升值与贬值的标的仍是以美元为主线。由于其他主导货币不支持美元贬值诉求，人民币升值具有国际货币战术的转移与借题发挥的原因。

预计第三季度乃至年底之前，人民币依然会有一轮贬值阶段，加速贬值乃至破7的概率依然不能排除。因为跌大涨大、涨大跌大，市场技术与周期规律的不可抗拒依然存在，只是随着流动性过剩环境的变异，价格周期与技术调整规律变得快速以及难以预料而已。预计未来人民币升值有限、贬值继续，双边走势不变，浮动区间继续扩大，内外价差依然明显，做空人民币不会消失。

因此，我们要学会利用贬值周期保护自己的产能、产值、产研以及产新的新常态。对资本流出的概念则需要慎重定义，不要草率扰乱自己的定力。短期热钱随人民币变化流出，其实是件好事，对我国经济健康以及良性循环都有好处。吸引外资的关键在于机制、体制与品质，不要只顾及价格吸引资金，因为投机性太大、利益性太强、短期化太多，这对正常经济与理性市场不利。

（来源"中新经纬APP"）

外汇储备增长与人民币升值效应的联动与风险

(2017年)

> 我国外汇储备增长态势与汇率调转变化及企业进取结果具有直接关联,尤其是直接与人民币升值关联紧密。人民币升值减少热钱流出、吸引外商投资看似利好,但未来潜藏杀机与危机值得警惕。因为这一轮人民币上升走势势必对未来经济与产业平稳的有效进取带来抑制阻力与冲击伤害,未来市场动态变数以及潜在经济压力不容忽略。

今年以来伴随我国经济形势的积极表现,以及相对国际环境的比较优势,我国外汇储备增加势头重新延续,最新的

第四章 人民币短期与长期升值应如何看待？

7月储备数据继续维持3万亿美元线上水平，数据看似利好局面凸显。然而，透过市场动向与经济态势仔细梳理发现：我国外汇储备增长态势与汇率调转变化及企业进取结果具有直接关联，尤其是直接与人民币升值关联紧密。人民币升值减少热钱流出、吸引外商投资看似利好局面，但未来潜藏杀机与危机值得警惕。因为这一轮人民币上升走势必对未来经济与产业平稳的有效进取带来抑制阻力与冲击伤害，未来市场动态变数以及潜在经济压力不容忽略。

首先，外贸数据的积极进取得益于汇率保驾护航。去年第四季度的人民币快速贬值是促成今年上半年我国外贸环境改观的重要因素，毕竟货币升值的打击我们过去有教训，货币贬值的促进我们如今有体会。尤其是汇率对外贸效应的滞后影响，这直接促进我国外贸形势转折呈现。据海关统计，2017年上半年我国贸易进出口总值13.14万亿元人民币，比2016年同期增长19.6%，其中出口7.21万亿元，增长15%；进口5.93万亿元，增长25.7%；贸易顺差1.28万亿元，收窄17.7%。一方面这与过去数年外贸萎缩下滑局面形成鲜明对比，对整个实体经济的拉动作用凸显功能，另一方面则凸显我国贸易均衡偏差加大，进口大于出口形势存在结构主次错位。毕竟我国外贸发展近20年发生了"两起一落"的震荡形势，2000年前后外贸局面突飞猛进，2008年之后外贸形势急剧滑坡，2016年年底外贸环境有所改善，其中与汇率走势

谭/雅/玲/锐/评
人民币短期与长期升值应如何看待？

的关联清晰可见。2005年之前人民币相对稳定，2005年之后，尤其是2008年之后人民币持续快速直线升值不止，2014年以来双边走势清晰，贬值为主的修复阶段明朗。这一次外贸形势的好转发生于去年11月，这正是人民币从之前9月底开始的连续加快贬值，进而使我国外贸局面开始转机与变化。尽管市场舆论有多种说法，甚至认为外贸进取具有特殊性因素，第一并不重要，第二短期化。其实这种导向的本质依然是试图否定实体经济，尤其是忽略乃至错乱外贸增长的作用。纵观全球经济环境，德国人重视外贸、美国人重视外贸、日本人也重视外贸，新兴市场地位与国家崛起依然是外贸的作用与影响，经济条线出口、投资、消费顺序中的外贸作用与功能是必需的，也是第一位的经济基础。而我国经济改革开放进程的辉煌历史也是因外贸而崛起与发展，外贸对一个国家经济的重要意义更是外汇储备的首要来源与积累，也是实体经济最直接的对外交往的实力体现与展现。今年上半年我国经济达到6.9%的增长率，略高于预期指标，其中外贸贡献度功不可没，这也是我国外汇储备增加的重要来源，创汇能力是外汇储备的基础要素。

尤其是今年外贸特点表明对实体经济促进较大。如一般贸易进出口增长，比重提升，上半年我国一般贸易进出口7.46万亿元，增长20.5%，占我国进出口总值的56.7%，比2016年同期提升0.4个百分点。同时贸易方式结构有所优化，传统市场进出口全面回升,对部分"一带一路"国家进出口增长,上半年我国对欧盟、美国和东盟进出口分别增长17.4%、21.3%和21.9%,三者合计占我国进出口总值的41.4%。尤其是我国对俄罗斯、巴基斯坦、波兰和哈萨克斯坦等国进出口分别增长33.1%、14.5%、24.6%和46.8%。加之民营企业进出口占比提升,上半年民营企业进出口5.02万亿元,增长20.6%,占我国进出口总值的38.2%,比2016年同期提升0.3个百分点。更加突出的是中西部和东北三省进出口增速较快,区域均衡正在调节,上半年中西部18省市外贸整体增速为27.1%,超过全国整体增速7.5个百分点;东北三省外贸整体增速为23.1%,超过全国整体增速3.5个百分点;东部10省市外贸整体增速为18.3%。特别是机电产品、传统劳动密集型产品仍为出口主力。上半年我国机电产品出口4.13万亿元,增长14.6%,占我国出口总值的57.2%,其中汽车出口增长32.5%、船舶出口增长25.1%、手机出口增长13.5%。同期传统劳动密集型产品合计出口1.48万亿元,增长12.9%,占出口总值的20.5%。我国外贸出口先导指数环比上升,连续第8个月稳中向好,6月外贸出口先导指数为41.5,较上月上升0.4。这些进取直接促进我国上半年经济增长达到6.9%,贸易第一驾马车的功能得到恢复与提升,进而未来值得重视汇率与贸易组合的协调,更需要重视汇率对贸易的保驾护航功能,不要不顾贸易谈论

谭/雅/玲/锐/评

人民币短期与长期升值应如何看待？

汇率走向与预期。

其次，制造业的转型调整取得阶段性进展促改革。上半年我国钢铁市场虽然继续呈现震荡态势，但凸显整体长强板弱的特征，这对制造业与实体经济的支持加大，也是上半年我国经济指标稳定的重要基础之一。尤其是随着钢铁去产能的不断推进，地条钢治理的有效，产业结构优化和新旧动能有效转换，积极成效正在逐步显现，突出表现在钢铁企业效益的明显改善。据国家统计局数据显示，2017年1—4月黑色金属冶炼和压延加工业实现利润总额849.5亿元，同比增长141.5%。其中螺纹钢利润创历史新高，5月由于钢材价格的强势反弹，各品种盈利空间均有所拉大。目前螺纹钢吨钢平均毛利已创历史新高达900元/吨，而部分钢企吨钢盈利已经超1000元/吨，利润非常丰厚。4月全国中小钢企高炉开工率平均达到了90%，粗钢日均产量也创了历史新高；进入5月后，部分钢厂例行检修以及环保影响局部地区高炉、焖炉，高炉开工率下降，产量有所下降。6月高炉开工率继续上升，预计6月粗钢日产仍超230万吨。尤其是对地条钢的整治对2017年钢铁产量继续上升起到积极作用。国家统计局数据显示，1—5月全国累计粗钢产量34683万吨，同比增长4.4%；4月粗钢日均242.6万吨，创历史新高。预计2017年全年粗钢产量将达8.4亿吨（2016年8.08亿吨，同比增长1.2%），同比增幅为4.0%。加之钢材社会去库存化速度加快，2017

第四章 人民币短期与长期升值应如何看待？

年由于冬储恢复，建筑钢材社会库存最高点较去年增加284万吨；但由于取缔地条钢和建筑钢材产量下滑使供给资源有所紧张，需求依赖库存补给导致今年建筑钢材去库存速度较往年明显加快。经济实体发展的效率是吸引外资的重要窗口，也是外汇储备信心增强的实际推动。

制造业是国民经济的脊梁与桥梁，更是国家力量与品质的体现。近年来我国制造业发展迅速，目前已成为仅次于美国、日本、德国之后的世界第4制造业大国。制造业已成为我国国民经济的脊梁，其上缴税金、从业人口占全部工业的90%，出口占全国外贸出口的91.2%，工业增加值占GDP的1/3以上。然而，与外国先进水平相比，我国制造业还存在着阶段性的差距，主要表现在产业结构不合理、劳动生产率低、产品以低端为主、附加值不高、能源消耗大、污染严重、技术创新能力薄弱、缺乏核心技术等。未来我国必须加强自主知识产权的知名品牌，发挥制造业对经济发展的重要支撑作用，强化装备制造业，依托重点建设工程，坚持自主创新与技术引进相结合，提高重大技术装备国产化水平。而此阶段的汇率作用方向与水平显得格外重要。保护制造业的升级换代、转型提高十分急切紧迫。因此，人民币应坚持维护、保护实体经济原则，准确评估水平区间，脱虚向实才会使汇率真实性和有效性更加合理，进而进一步增加外汇储备，这是人民币汇率要保护与促进的重要目标与核心。

谭/雅/玲/锐/评
人民币短期与长期升值应如何看待?

最后,预期心理刺激操作掉头加大未来风险挑战。今年第二季度以来的人民币升值由来在于预期被垄断,进而操作依然没改人民币做空套路,只是阶段变数灵活而已的刺激作用加大,助推人民币升值潜藏未来经济较大挑战压力。回顾去年5—6月美元指数处于93~94点,人民币走势为6.63~6.65元,随即人民币贬值,预期前景进一步下行到破7的预测。然而至今,人民币向上攀升加速,甚至人民币贬值预期终结以及人民币升值来临主导性明显,进而刺激人民币交易掉头策略发生,这直接加速人民币升值态势。尤其是上周人民币兑美元涨幅已经接近1%,一周连续突破6.72、6.7、6.68、6.66等多个关键整数关口,较前一日中间价上涨305个基点,并创下2016年9月29日以来的最高值。从市场交易细节看,人民币兑美元汇率涨破6.7整数关口起,每天早盘都会涌现大量人民币空头平仓盘,不断奠定了当天汇率大涨的趋势。最初海外对冲基金在离岸市场不断平仓人民币空头头寸,最近两天不少持有美元头寸的境内企业也难以承受人民币汇率大涨所衍生的汇兑损失,开始在境内在岸市场进行人民币空头回补,这些进一步放大了人民币汇率涨幅,并一度令境内人民币汇率(CNY)反而高出离岸市场人民币汇率(CNH)约200个基点。市场传闻个别国有大型银行在过去两天向外汇市场投放一定额度人民币头寸,以此缓和人民币涨势,减轻外贸企业的汇兑损失压力。不少海外对冲基金正在不计成本地平仓人民币空头头寸,足以抵销银行投放人民币流动性所带来的人民币下跌压力。具体而言，此前这些对冲基金买入3个月到期、执行价在7.8~8.5、止损价格在7.0~7.2的人民币沽空远期交易头寸，原先打算押注美联储9月加息缩表套取人民币贬值收益；如今美联储连续释放鸽派加息声音，加之近日人民币涨势凌厉，进而这些机构的操作纷纷转变策略——宁愿选择止损离场，也不愿等待汇率反转的时刻。人民币预期与实际走势的背离导致交易策略灵活调整，但最终做空人民币并未消停，下一轮的酝酿与准备值得警惕与防范。所以外汇储备增加与人民币升值关联密切，结汇多了、换汇少了，这直接增加外汇储备的稳定上升。

尤其是值得关注人民币升值带来的原材料价格高涨，未来对出口以及制造业的冲击在所难免，这种汇率水平对实体而言不是好事。年初至今，人民币在岸与离岸市场价格分别上升4.5%和4.6%，价格区间双双从6.9062和6.9872上升到6.6460和6.6656。这种汇率走势直接牵动我国原材料价格上升突出，尤其是我国自主定价格反弹凸显。其中煤指期货从285元上涨到609元，上涨113.7%；螺纹钢指数期货从1616元上涨到4053元，上涨150.8%。期铜从36990元上涨到51650元，上涨39.6%；期铝从12690元上涨到19925元，上涨57.0%。这些对于我国制造业而言的基础材料，伴随去产能的宗旨，伴随人民币的价格高涨冲击与混乱更加严峻，进而产业恢复以及发展进取并未摆脱真实与虚假繁荣的担忧，产业依然迂回价格受制的发展，而这一轮的快速上涨势必对

谭/雅/玲/锐/评
人民币短期与长期升值应如何看待?

未来的产业结构与品质调整带来的挑战更加严峻。由于我国制造业平均销售净利润不足 4.5% 的水平,与人民币阶段升值 4.5% 相比,这明显得产业功能恢复再次处于汇率上升的打击之中。特别是脱虚向实进程中的产业功能刚刚在恢复产业定义中和回归本职下,这时人民币升值不仅导致价格联动的负效应,更加大产业定力和主业方向的混乱局面,甚至有所干扰去产能、去库存、去杠杆的战略政策布局,未来或形成新一轮的经济波动与震荡。因为汇率上升的负效应滞后性将导致第三季度经济变数与信心。外汇储备体现的是经济实力的结果,人民币汇率是保护经济实体的工具,两者之间的关联涉及经济利益、国家战略以及市场指导,我们必须按照我国实际需求、市场基础以及国家资质准确定义、定位和定向,确保我国发展正常、合理。

综上所述,当前的人民币升值依然受制于美元,因为市场所言与预期的人民币升值与贬值的标的是美元主线。尤其是我们已经经历过人民币升值对投机刺激和金融带动的极端化,脱实向虚的恶果十分严重。当前的人民币再升值势必也将冲击我们产业行业调整的成果与方向,势必比上轮升值的打击更严重,毕竟我国经济也在主动减速、调结构与增品质新阶段,汇率的保驾作用更为重要。因为汇率既要修复上轮过激升值的技术风险,又要可控有序贬值,并面临国际外汇市场更大的调节与转向,美元贬值诉求的其他主导货币不支持,人民币升值具有国际货币战术的转移与借题发挥之谋。

第四章 人民币短期与长期升值应如何看待？

预计第三季度乃至年底之前，人民币依然会有一轮贬值阶段，加速贬值乃至破7的概率依然不能排除。我的论据理由在于：跌大涨大、涨大跌大，市场技术与周期规律的不可抗拒依然存在，只是随着流动性过剩环境的变异与谋略，价格周期与技术调整规律变得快速以及难以预料而已。预计未来我国人民币升值有限、贬值继续，双边走势坚持不变，浮动区间继续扩大，内外价差依然明显，做空人民币并未消失。我们值得关切的是人民币升值对结构与产业调整的打击，甚至错乱中央正常方针指引的执行力，混乱与错位发展意识和做出极端行为。我们应强化市场历练、制度执行以及结构均衡的开放进程，人民币尽快实现自由兑换才是我们货币目标的根本。而人民币自由兑换的实体经济意义与作用格外重要，我国脱虚向实的基本原则决定人民币要学会利用贬值周期保护自己的产能、产值、产研以及产新的新常态。我们对资本流出的概念需要慎重定义，不要草率扰乱自己的定力，尤其是短期热钱随人民币变化流出，其实是件好事，这对我国经济健康以及良性循环有好处。吸引外资在于机制、体制与品质，不要只顾及价格吸引资金，因为投机性太大、利益性太强、短期化太多，这对正常经济与理性市场不利较大，我们需要审慎定义与接受。

不要再让人民币受情绪化主导升值
(2017年9月1日)

> 我国市场依然是情绪化的认知人民币，既不考虑经济基本面，也未考虑未来的经济风险与压力，我国经济基本面没有权衡汇率水平的理性，反之成为刺激人民币升值的理由，人民币贬值带动经济渐好，人民币升值影响经济，这种最简单的货币经济原理在我国市场并未发觉。

我国人民币将近4个月的升值在近期显得格外受关注，8月30日美元人民币最新价为6.59元，创下最近一年以来的新高。最终突破6.6水平引起的"兴奋"值得推敲，并需警

第四章 人民币短期与长期升值应如何看待？

惕升值的潜在风险，尤其是对未来经济产生的压力与阻力值得关注与重视，其背后的原因应引起思考。

一方面，目前我国市场依然是情绪化的认知人民币，既不考虑经济基本面，也未考虑未来的经济风险与压力，进而直接加大人民币破7的否认，这实际上是形成人民币扩大升值的助力，不仅不利于改革发展、更不利于汇率改革的正常与专业。另一方面，我国经济基本面没有权衡汇率水平的理性，反之成为刺激人民币升值的理由，人民币贬值带动经济渐好，人民币升值影响经济，这种最简单的货币经济原理在我国市场并未发觉，反而成为解释人民币升值的依据。

这些情绪化的认知以及非专业的预测是推动人民币升值的祸水，而非福音。因为从国际货币历史以及我国货币历程看，货币走势的正常与否对经济作用十分明显。当年的德国是因为货币渐进升值受益，没有听从美国的要求；当年的日本就是由于货币升值过度而经济一蹶不振，经济打击至今尚未恢复元气，尤其是金融元气伤透；当年的英镑更是因为货币升值丧失货币霸主地位。

回到中国的情况，眼前的人民币升值对未来而言是福是祸？

1. 人民币情绪化作用导致价格忽低忽高不利于稳定发展

无论去年年底的人民币贬值，还是今年第二季度开始的

谭/雅/玲/锐/评

人民币短期与长期升值应如何看待？

人民币升值，市场被情绪化主导是严重的过失。从经济阶段角度评估，此阶段的人民币升值必然在一定程度上伤及未来经济的活跃与收益，7月的外贸数据已经减速，汇率对外贸的滞后效果表明未来外贸压力难以抑制。外贸人已经倍感压力，出口收益受损、出口订单受冲、交易结算受伤。目前走势与年初的反差巨大，信心、心理不稳定很大程度上会影响未来的判断与发展进程。甚至有人借题发挥、看图说话，简单否定人民币破7，预言人民币继续升值，不顾及汇率基本规律。这种情绪的导向将会搁置改革、转型和调整成效，甚至有可能形成新一轮的经济波动与打击。

2. 人民币无主见、无意识的价格被左右不利于安全调控

任何价格，包括汇率水平的依据在于实体经济，而相对于实体的阶段、特色与个性又产生不同的结果与作用。如美国经济稳健性清晰可见，第二季度二次修正达到3%的水平表明经济可持续处于良性阶段；但是美元贬值不仅不变，反而有加速迹象，揣摩美元策略可以发现这种老道、权威、霸权货币的主见意识明确、清晰、坚定；因为它明白自己的经济诉求、利益诉求以及货币诉求，即全球化经济布局需要弱美元占据市场与份额，美国利益最大化需要传播输出技术指引了弱美元有发展机会，美元霸权需要利率工具的辅助与弱美元的支持，进而美元贬值是一种策略，但实现的是美国经济与美元货币的战略。而从我国经济阶段、调整状态以及改

革进程看，此时我们更需要稳定、渐进以及主见的汇率价格意识，这需要理性、专业以及同国际进行比较的全面权衡，而非简单草率地界定预期。尤其是在我国政策正在梳理正常投资和热钱炒作的当下，包括对外资、对走出去的管控，都是相对安全的必要过程，但是这却成为市场直接引入人民币升值的原因之一，这种预期指引势必加大调控的难度，甚至给予外部投机带来新的对应与策略。安全的核心要素是自己的需要，尤其是自己的主见、主张发挥是安全的基础与根本。

3. 人民币无根基判断的价格时下时上不利于政策效果

回顾我国人民币汇率改革的进程，我们需要认真思考的问题在于汇率的依据和标准在哪？专家与市场不能凭空拍脑预期，更不能简单拿着西方传统理论套用预期，毕竟我国市场复杂性很大，全球化环境要素变化前所未有，必须深入透彻了解自身的真实情况与需要，全面综合评估环境与要素指标，而不能简单、草率靠一两个指标界定预期未来。尤其是目前，部分市场专家啥都敢讲、啥都能讲特色凸显。在强调专业、敬业的同时，专家更应该依照自己的专长与能力评估，不要跨界、跨业，其言论可能造成社会、舆论的错觉，甚至误导决策的感觉与方向。

如何认识人民币趋势是重要的，也是需要专业和理性的，更要关注我国的个性与特色。预期未来人民币继续坚持双边

谭/雅/玲/锐/评
人民币短期与长期升值应如何看待?

走势,波动曲线的上下调节,并强化自己经济周期与金融周期现实的需要,以贬值为主。未来需要尽快改变单一钉住美元形式,强化一篮子货币的功能,健全货币制度与市场的职能,把握自己需要的汇率方向,谨慎有效使用货币工具与功能,适合自己是最重要的核心。

(来源"中新经纬APP")

还在为人民币升值欢欣鼓舞?

(2017年6月8日)

> 但此次人民币升值被投机的迹象明显,需警惕相关风险。另外,关于人民币汇率,也有一些误区值得反思与总结。当美元贬值与人民币升值幅度与侧重完全不同,进而价格方向的判断再次进入混浊复杂阶段,市场更需要深入探讨与研究,透过现象看本质的求真务实十分重要与必要。

近期,美元贬值与人民币升值成为国际金融市场关注的焦点。人民币对美元汇率连日走高,并创下了近7个月以来的新高。但此次人民币升值被投机的迹象明显,需警惕相关

谭/雅/玲/锐/评
人民币短期与长期升值应如何看待?

风险。另外,关于人民币汇率,也有一些误区值得反思与总结。当美元贬值与人民币升值幅度与侧重完全不同,进而价格方向的判断再次进入混浊复杂阶段,市场更需要深入探讨与研究,透过现象看本质的求真务实十分重要与必要。

1. 人民币被投机的迹象清晰

近两周人民币升值态势加强,汇率区间在1000点上下波动,其实这对国际外汇市场汇率波动而言很有限,小题大做的舆论措辞制造渲染关注度,进而只能表明我国人民币的波动幅度太狭窄,并且被局限在对美元的钉住目标上,这违背我国汇率制度的宗旨。无论从规模数据上看,或从资金流动速度与调整方式上看,甚至从主要货币艰难的应对上看,美元贬值的挑战被转嫁人民币十分清晰明确。一方面是离岸价格下跌加大,在岸价格应对有效,人民币被投机的迹象清晰可见,刻意引导的人民币升值有气候、有平台、有由头。另一方面此次人民币升值伴随的是香港隔夜拆借利率的暴涨,借助香港刺激人民币升值是一种娴熟的国际操作手法。尤其近期伴随人民币升值,我国经济基本面并没有特别利好的数据支持,反之穆迪评级公司却下调我国信用评级,人民币贬值压力应该大于升值潜力,然而人民币价格反其道而行之,这预示的是机遇还是风险已经不言而喻,市场似乎存在有策划助推人民币升值之后的人民币贬值之疑。

人民币升值并不偶然,毕竟人民币周期规律中有过极端贬值的经历，自身已经囤积升值的潜力，其中包括经济基本面以及技术周期因素的支持。现阶段我国市场经历的积累相对比较单纯与简单，专业过程的积累比较欠缺定力与内生控制，进而偏激、极端的升值和过激、极端的贬值导致的周期混乱十分明显。加之市场缺少定力与判断理性，舆论预期引导较强，恐慌心理不安较大，利益短期诉求凸显，进而市场参与不能合理把握、不能合规操作甚至越界产品偏多，这直接导致人民币基础脆弱加大。近期的升值膨胀与恐慌并存，投资投机情绪的看多较多，实业外贸的恐慌心理不安加大。

不过，我国外汇管理机构的清晰度、可控性以及执行力也在日渐成熟，人民币双边走势中的升值和贬值有着主见与定力把控、调控凸显作用与影响。由此，国际投机策略也在借题发挥，美元组合拳策略与战略指引的人民币被升值是非常值得关切的风险，非简单预期改变和趋势扭转。特别是我国央行及时推进"逆周期调节因子"机制，即人民币中间价报价银行修改人民币对美元中间价的形成机制公式，在原有机制基础上，新增"逆周期调节因子"部分，直面预期贬值的对策十分明朗。可以说，投机因素借题发挥助推人民币升值是有备而来，是在进一步挑战与应对我国央行的有效对策。

2. 理性认识人民币汇率

目前，国际社会的货币竞争进入白热化，我国经济周期进入敏感期，两者之间同样面临持续进展与进取的关键时期。

谭/雅/玲/锐/评
人民币短期与长期升值应如何看待？

从人民币目前进展看，有一些问题需要正确认识。

第一，人民币发展路径必须重视实体经济的感受与需求，特别是外贸的功能直接受制于人民币走向应引起重视与适度调整，这才是人民币国际化最实际的进展与进步，并非只有价格，忽略实体才是人民币涉及价格、制度和市场的重要改革反思角度与层面，人民币助推实体经济繁荣发展才是改革路径的唯一。

第二，从人民币大落到大起的半年多经历看，人民币历练的经历与经验十分欠缺，进而货币专业的判断与行为能力十分混乱。可以说我国人民币必须重视专业化水平与能力的提高，并非是简单喊几句口号那么简单。国际外汇市场上百点或上千点的波动是常态，相比较我们局限在几点或几十点，货币波动心理恐慌不安直接源于货币浮动区间的狭窄和限制。我们的市场更集中价格指标的涨跌之间的关切，但是货币汇率之间涨跌的含义与方向并不清晰。

第三，人民币的定义与定位不要被夸大和夸张化，毕竟人民币依然属于本币，即使有 SDR 的认可，但作为储备货币功能还有很大的局限与不足。我们必须从货币建设专业化的标准去面对、规划与实施。一国货币内在的经济、市场、结构与制度是自由兑换货币的关键。而当前我国人民币的进程似乎太偏重海外市场的简单数据规模和单边方式，忽略内在因素与要素的进取、强化与接轨。

第四章 人民币短期与长期升值应如何看待?

综上而言,面对此轮人民币升值,反思上轮人民币贬值,我们需要明确与清晰,人民币的改革安全与运行稳健,自主与自律的发展意识和专业清晰的路径与方法值得关注与重视,尽快实现人民币可兑换才是我们改革发展的宗旨与目标。

(来源"中新经纬 APP")

人民币升值道理不足且贬值基础明显

(2018年)

> 我国人民币论证的务实性不足已经影响其价格判断的准确性，尤其是欣赏人民币升值强于人民币贬值氛围值得警惕与反思。现阶段我国经济金融结构性调整更需要贬值货币趋势的保驾护航，并且需要精准服务于实体经济调整、转型、升值和创新的需要与需求。

岁末年初，我国人民币升值趋势难以扭转，市场期待性上升预期难以节制，喧嚣汇率与外贸无关的论述居多，甚至以人民币升值推进人民币国际化的论调更是对人民币升值火上浇油。面对这种局面，市场严重偏离与忽略实体经济，尤

第四章 人民币短期与长期升值应如何看待？

其是外贸企业的救助和急救呼声被忽略严重，人民币升值预期已经淹没这种非常真实的汇率感受与经历。作为一个长期一直跟踪研究市场的学者，我认为当前形势的情绪化判断严重，偏离实体的脱实向虚面临紧迫认知和专业修正阶段，否则未来不仅将对政策把握产生误导，并且将对实体经济干活的外贸人带来打击与伤害，我们从上到下非常值得重视目前汇率认知预期和把握的尺度与立场。

一、关于人民币的道理与基础值得梳理

探讨人民币走势的我国基础要素不足是一个现实，一方面是人民币制度建设正在进行，机制框架构建与认知行为背离，熟悉的套路是人民币对美元，尚不会运用和难以操作的是一篮子货币配套。另一方面是我国外汇市场并未开放，人民币依然是本币形式，即使 SDR 也是有局限地使用与发挥，尤其是市场简单化人民币升值国际化的预期，贬值过于恐慌的行为对策。加之美元霸权地位进一步夯实，人民币地位并未确立，但是市场偏激于海外、数量以及金融层面的关注与操作，进而被绑架模式误导发展模式与路径严重。由此看，人民币升值的道理有点偏颇，或将西方舆论特别是美国舆论的导向作为指导，相反目前这种走势将会使实体经济，尤其是外贸带来很大的阻力与挑战，实体经济风险将回放上一轮人民币持续升值的状态。笔者观察主要论据在以下几点。

去年我国端午节前后 6 月开启的人民币升值一直延续至

谭/雅/玲/锐/评
人民币短期与长期升值应如何看待？

今的这波走势，似乎并不利于未来政策与形势的把握与判断，反之这种升值态势的持续加长与加重十分值得警惕与防范。

第一是受制于美元明显，且美元具有很强的针对性。一方面是我们习惯用语的人民币升值与贬值就是对美元而言的走势，这足以说明人民币被美元绑架的模式。但这不奇怪，因为美元霸权的全面恢复已经超越过去霸权的格局与份额，美元一只独霸的新内涵与新组合与众不同，进一步强化的美元霸权更具有较强的货币针对目标，即欧元和人民币是主要标的。因此，美元贬值效应导致的欧元升值最大，其次就是我国人民币升值与美元同步，升值高于美元贬值幅度。去年全年美元贬值9.8%，欧元升值14%，人民币升值6.5%，但欧元区经济与美元经济同步、同质，反之我国与美元经济同步，不同质是明显的。

另一方面是简单化的舆论导向推波助澜。虽然我国经济总量为世界第二，经济总量13.17万亿美元，人均不到1万美元，美国世界第一，经济总量19.55万亿美元，人均5万美元，这种巨大反差足以表明人民币高估、美元低估。然而，美元借此不仅不升值，反而加快贬值，这表明这只成熟货币的立场十分明确，以货币水平为自己的发展繁荣保驾护航，货币贬值增强竞争力的道理简单，运用娴熟。所以美元贬值刺激人民币升值表明我们自己的货币驾驭能力依然是严重问题，其中认知是前提与基础。我们市场没有自己独立思考的

第四章 人民币短期与长期升值应如何看待？

价格选择，更没有制度机制有效规避与协同，进而被美元绑架难以逃脱，但却加重自己经济问题的复杂性，投资型投机性的人民币需求助推货币升值预期，出口类的企业恐惧人民币升值损失严重，进而实体经济利好一年的经济形势面临的波动性在所难免，经济可持续的稳健面临挑战。

第二是汇率脱节贸易，但预期却有很强的投机性。目前我国市场依然是脱实向虚结构明显，伴随人民币升值的难以节制，主要是人民币资金流与市场类指标多是金融机构虚拟服务载体掌控，无论从报价机制，到交易结算或储备结构，对价格主导局面依然严重存在脱实向虚的配置与组合，人民币升值的兴奋度足以表明人民币投资以投机利润的追逐为主，进而人民币升值被推波助澜。而具有实体创汇能力的外贸企业，或者说对资金需求和资金供给产生更大贡献的生产和创新载体则缺少价格、自己控制的话语权与影响力，进而只能被动接应人民币升值局面十分严重。同时他们还不得以需要借助金融机构的平台产品和通道实施避险和交割产品，进而受制性十分显著。有苦难言是目前我国外贸或实体企业面临的态势与现实。反之更多的市场参与者来自银行、金融机构、投资理财类载体，简单虚拟脱离实体背景和真实实体的面貌更多，进而以升值对冲套利的简单化、无风险交易更备受关注，人民币被推波助澜就来自此层面的逻辑与循环，这是非常值得重视的人民币升值预期源头，政策的监管、市场的合规以及产品的单边是值得修正与改变的重要基础。

第三是汇率专业不足,但舆论非常论据有主导性。这是一种误导严重状况,进而外贸企业有苦难言,甚至嚼碎牙齿咽下苦果,损失惨重、代价巨大。毕竟我们透过2016年底2017年初的人民币走势与预期可以看清这种过程反转的被策划与被利用:2016年底至2017年初,人民币走势6.98元,预期人民币破7是主流;最终实际走势是人民币从6.96元到6.26元最高,人民币升值10.05%;这对我国外贸出口加工为主的格局意味的损失有多大已经一目了然。因此更多的外贸企业是抗着压力与损失完成订单,市场红利、份额红利、订单红利的有利局面被人民币升值洗劫一空。此时官方或舆论分析依然表示汇率与外贸没有关系,这不是歪理邪说吗?其实我们双损失更严重,一方面是出口因汇率挤压利润,另一方面是我国人民币涨幅与实际商品涨幅具有落差,石油、铜、资源或商品价格涨幅都在10%以上,我国外贸得不偿失。

二、人民币与国外资产比较方式混乱

伴随国内外外汇市场汇率水平的变化,短期资金价格取向与长期资产价格趋势从匹配得当、发挥极致到主动修复、提前防范、回调加大,这集中体现在股市震荡加剧,进而汇率不变趋势预期待扭转。当前舆论本身的简单化突出,不分青红皂白地透彻力不够,毕竟美国层面的东西比较高端,专业化水平很强,监管或发展的有序合理是基础,并非是一个非理或无定律的价格价值体系。

第一,此次美国暴跌称不上股灾,因为这是美国股市主动调整,甚至为长远已经做了很好的铺垫与准备,即指标高涨已经提前实施操作了,股市泡沫的可控性具有很好的布局与准备性。即使美国暴跌在历史中也并未引起恐慌的现象,何况美股两次暴跌达到1000点水平,其实与规模和高涨趋势有关,所以美股的调整已经有所准备,并非是一场灾难。虽然美股暴跌的市场恐慌指数上升,但实际操作的稳定十分明朗。这种美股变化的背后则是基于美联储加息的预期上升,资产价格担忧刺激美股下跌主动调整明显,即使股市两天千点以上的暴跌并未引起市场恐慌,反之对美国股市长期的前景继续看好。近期美国白宫对未来10年美国经济的预期在3%,明年经济预期达到3.2%,此轮经济复苏延长是新经济的特色与趋势,这表明美国经济此轮繁荣周期将拉长,新经济时代的规律与周期并未发觉。股市是经济晴雨表的体现恰到好处体现出美股上涨只是调节,上涨趋势依然存在,反而这种经济形势的利好恰好有利于美联储加息对策的实施,市场包括美联储一些官员都认为未来美联储加息或将加快,年内加息4次的概率得到提升。这与笔者预期吻合,未来实施进程拭目以待。

第二,美国股市与美联储加息并无直接的关系,心理因素的作用或存在,但是美元走势与美股的搭配才是关键。美元贬值已经面临阻力,美股暴跌似乎意图继续推低美元,为美元贬值创造机会。但是驾驭者似乎也很为难,如果两个价格指标同跌影响会大,进而美元还是小幅度反弹。美联储加息具有不确定因素,但加息步骤不会改变,甚至会因美国经济周期的变化或加快加息,机不可失很重要。但是美联储加息并未达到正常化水平,因此加息对股市的反作用有限,股市内在因素的主导休整是关键。

第三,美国股市下跌与美国国债收益率或有关联,美国国债收益率与美联储加息方针有关,毕竟美联储加息措施对国债收益率具有刺激作用。同时美国国债收益率更与美联储缩表有关,自己利益的明确性十分清晰,毕竟缩表是美联储收手美国国债的购买,阶段性和周期性很强,并非是一次了结,但是美国国债收益率的上升是有利于美联储放手国债数量的利润回报,利益诉求的明确与智慧是值得关注与透彻发觉的。然而,此次美股暴跌并未拖累美债收益率受挫,美国10年期国债收益率周四反而升至2.88%,追平4年来最高水平。而周三美国10年期国债收益率攀升至2.858%,2年期国债收益率报2.310%,30年期国债收益率为3.150%。加之特朗普总统减税的不确定性必将加大美国债务压力,美国政府的两次关门事件已经是债务膨胀的体现,进而直接刺激利率飙升,并使得投资者毫无准备。其中一方面是美联储缩表

第四章 人民币短期与长期升值应如何看待？

进程直接对应的就是国债指标，作为有经验的央行——美联储的金融控制载体，美国组合拳的自我收益率考虑得十分清晰与准确。美国股市与美元走势的匹配面临复杂局面，毕竟美元贬值阻力明显，美股下跌必然发生，进而未来组合拳如何拿捏是关键。然而，目前汇率对美联储是挑战，对美元战略是考验，对国际关系是焦点，进而这种组合受制美股下跌修正的难度很大，如何配置未来具有不确定性，美元走势的诡异甚至震荡局面很难预料。

因此，在讨论预期人民币汇率问题上与我国惯性或被扭曲的思维方式与方法有关。对自己高估、对外部低估惯性是影响我们判断准确和把握务实的重要缘由与反省角度。尤其是结合我国股市的思考需要深入与务实。目前全球以及我国基本状态是流动性过剩时期，我国经济总量82万亿与货币供应量170万亿的局面不难看出，不是流动性危机，反之是流动性投机加剧的时期，人民币短期化投机性极强，并非是实体尤其是外贸所需要的价格取向与需求。而人民币升值之后的贬值只是正常化的回归、监管的严格对人心理产生的影响较大，贪婪、欲望处于极度膨胀时期的认知不当不准凸显。面对美国股市乃全球股市的动荡，值得思考几个问题。

第一，美国股市与我国股市不同步明显。美国股市2017年的高涨醒目，道指上涨4000多点，涨幅达到20%左右，股市指标上涨至25000点、2800点和7000点的高度凸显威力与

谭/雅/玲/锐/评
人民币短期与长期升值应如何看待？

影响，带动性很强，进而全球股市跟进明显。反观我国股市四平八稳，别人高涨、我们平和、别人大涨、我们小涨、别人下跌、我们不变，进而我们与美国股市的差异是基础认知。

第二，从股市结构看我们之间完全不同。美国股市以机构投资者为主，我国股市以私人个人投资为主；美国股市以创新技术股为主，我国股市以金融国企为主；美国股市以企业业绩利润为主，我国股市以政策投入为主；美国股市以实体经济为主，股市是经济晴雨表，我国股市是投机市场偏多，股市与实体经济背离严重。因此，谈及美国股市的影响是情绪化和技术性带动为主，非实质化的影响。

第三，美国金融风险处于可控状态，包括2007—2009年所谓华尔街的金融危机，并未对美国经济地位和金融势力具有实质性的打击，反而使得美国金融具有转身调整的更大空间与机会，他们的金融风险是混业高级阶段，世界看不透是关键因素。我们的金融风险处于敏感时期，结构性调整压力与阻力很大，金融玩金融、钱玩钱的游戏越来越严重，人民币被推波助澜就是投资投机对冲套利太多，进而汇率背离实体经济，尤其是背离外贸发展需要十分严重，很多外贸企业的订单红利、份额红利、机会红利伴随人民币升值被丧失和损失加大。

反观人民币贬值与美股下跌似乎十分正常，且符合我国经济基础以及当前结构性调整的方针。尤其是面对自身以及

第四章 人民币短期与长期升值应如何看待？

国际环境的货币升值与贬值周期，人民币贬值属于自身技术周期的必然。加之国际主要货币似乎更不希望自身货币过多过快的升值，反之更期待货币贬值助推自身经济复苏或稳定发展。包括刚刚举办的世界达沃斯经济论坛期间，美国财长的言论引起关注与调整突出，即使总统特朗普随后有所修正其讲话含义，但是美元贬值的事实似乎已经完全背离美国经济的基本面，经济稳健复苏与货币加快贬值难以说通道理。近期欧元区官员也有反映，对货币升值的担忧也开始出现。

全球短期资金与长期资产价格匹配与衔接面临更加复杂的局面，未来趋势存在较大的不确定，风险系数不断上升，预期前景扑朔迷离。

三、汇率基础的经济要素与前景更加复杂

透过当前汇率与股市关联重点，预计2018年我国经济前低后高走势将会明显，其中受制于汇率走势的滞后效应影响将会十分突出，2017年汇率滞后的负效应将会十分严峻。毕竟刚刚因2016年人民币贬值的效应带来的我国外贸订单红利、份额红利、价格红利将面临全面反转的被动不利局面，这势必牵制我国经济前景。严重的问题在于当前我们似乎更多对这种认知准备不足，对形势的评判依然是套路方法、短期思路、自我乐观，甚至并没有仔细研究过国际环境的变化特性，尤其是与我国的相同与不同之处，进而在自我的分析论证上存在空白与欠缺。

谭/雅/玲/锐/评
人民币短期与长期升值应如何看待？

第一是世界经济复苏加快，因此我国经济恢复利好与世界同步，并不必要过于强调我国增长的利好，或即将超越美国的导向。即使我国总量概念依然是世界老二，但人均差异较大，贫富差异、环保压力或将是我国经济应该特别重视的重心与侧重，尤其是金融风险压力对实体的经济影响更值得关切。

第二是世界经济复苏以发达国家为主凸显，其中贸易恢复性更明显，甚至预计2018年国际贸易复苏速度或将与世界经济同步显现。相反因为汇率问题，我国贸易形势或将适得其反，必要的准备与判断并不准确或充分。但外贸第一驾马车的顺序是值得重视与合理理解的，不要颠三倒四把握马车经济的先后顺序，影响或干扰自己正常国情和经济规律的发展定力。

第三是世界经济复苏更突出发达国家宏观经济强化，微观金融收敛，货币政策调节更突出价值投资的有效与加强。反观我们的脱虚向实较为艰难，基础货币与货币乘数概念、循环、主次关系较为复杂乃至混乱，分业监管与混业产品的不适宜和超出规矩较为严峻，未来的金融风险不可掉以轻心，金融改革服务实体经济面临挑战。

尤其是近期的舆论导向将我国GDP总量简单化与美国GDP总量比较，进而得出的结论是中国GDP七年来翻倍，规模达到美国的2/3，中国超美国的舆论再次喧嚣而起。实际上我们忽略了一个本质的严重比较：美国经济总量的品质优势、掠夺控制优势是无法比拟的，进而经济质量是高级化、高端化、现代化。反之我国经济总量是数字累加规模化、低级化、初级化，经济质量正待开发、转变与改变。最突出的在于：美国经济总量是3亿人分享，我国经济总量是13亿人分摊，差异巨大！

预计2018年我国经济惯性的发展面临瓶颈，制造业、PPI、生产率水平将会有所波动，向下态势的警惕值得关注。但是我国经济结构性调整已经取得初步成效，如何应对波折阶段对我国经济信心的考验很大。加之外部环境，尤其是美国针对我国的贸易制裁在上升，我们的企业、机构或者政策如何调整需要智慧、务实、逐渐和改正急切。

预计2018年我国金融结构性调整任务艰巨，供给侧改革的金融精准服务十分重要与必须。尤其是我国面临国际金融环境与政策与我国差异性走向十分明显，我们如何应付自己内部的主次关系梳理，更面临与外部衔接的路径与方法。特别是汇率风险值得关切，人民币升值之后的效应增加的是负担，甚至导致信心不足、外向阻力、国际挑战严峻。尤其是我们简单化货币升值推进人民币国际化的理念、方法与路径不妥，货币贬值显得十分急切和必须。更严峻的是美元贬值与人民币贬值会否同步的选择、应对以及对接更加复杂化、尖锐化和矛盾性。为此，我们需要应用价格周期规律、受制

谭/雅/玲/锐/评
人民币短期与长期升值应如何看待？

主导因素、国家资质差异、货币比较层次为自己的货币贬值留出空间和余地，进而以汇率保外贸、保企业、保实体，这是十分重要的一年。

预计 2018 年我国对外经济金融贸易关系更加复杂、纠结，矛盾面的压力十分巨大，未来的对策方法直接涉及利润、收益和发展信心。我们必须脚踏实地做足国内、本土市场要素配置，均衡、有效、合理发展是关键，按照经济规律与国情个性理性应对与面对是 2018 年的重点与核心。预期 2018 年我国经济稳定、金融安全、国民安康！

尤其是当前股市很难界定牛市与熊市周期。一方面是传统理论与现代市场背离严重，所谓的半年 20% 界定已经难以权衡。流动性过剩时代的市场定论已经难以梳理清楚，进而恐慌性因素的推波助澜严重，但控制力的存在是一个事实，进而危机模式的转变与变异凸显，如果认知牛市和熊市周期也不那么简单，或并不是关键，控制力是重点。所以美国股市可以暴跌，同时也有暴涨，存量较大和增量不断是看经济实力与经济基础最重要。目前美国经济复苏繁荣周期依旧，2017 年经济增长只有 2.3% 的水平看似被低估了，其国际较量与竞争需求的指标把控是值得关注的重要因素与重点。预计 2018 年美国经济增长进一步上升的概率加大，减税、基建、外贸等关键投入的强化或更加有利于美国经济基础和优势，这必将继续支撑美国股市。而美国股市的休整是高涨之后的正常化修正,并不是低迷的休整。因为美股指标的提前规划明显,股市高涨水平创历史新高的技术设计已经相当圆满,并不会导致熊市概念的出现。

而从我国股市角度看,未来趋势依然稳健运行继续,慢牛节奏难以改变。因为我们金融正在回归服务定位,金融精准服务经济或将对股市稳定和温和意义较大,脱虚向实是根本,股市并不可能走得过高过快。加之我国产业经济结构调整紧迫,具有难度与阻力,时间并不确定转型到位,进而对上市公司业绩和价值的支持需要耐心,股市温和成长继续。尤其是我国股市是在发展中健全与完善,前期偏激的应对或将潜藏隐患,进而防风险是重点,价格走势也不会高涨太快。最不确定的因素是未来人民币的滞后影响不可低估,经济波动性将会加大,这对股市具有较大影响,上涨有限,震荡受制于外围环境在所难免。预计2018年全球市场的变化将不同于2017年,分析的个性化和特殊性是重点,但是市场习惯套路分析预期,进而对股市准备不充分,尤其是对美国特性认识不足,所以很难看透市场未来趋势。有时市场将美元等同一般,将美股等同一般,进而判断的盲点很多,有所限制判断角度与前景趋势。我国股市与实体经济推进、结构性调整进行时并不确定,这对股市是啥影响难以预料。因此,外部环境复杂高深,我们判断不准的风控不足是关键;内部要素不健全,专业化水平有欠缺,评估层面与角度有空白,进而

谭/雅/玲/锐/评
人民币短期与长期升值应如何看待？

自身趋势乐观较大，对压力与阻力看得不准，准备不足影响很大，进而对股市评估依然表面化，缺少对机制、专业、协同配置综合把握。因此，笔者建议应该强化分业监管个性的疏导和梳理，加强股市基础产业的扶持与推进，强调自我发展特性的论证与建设意见，促进股市积极向上、合规合理、创新优化的发展理念、品质建设、价值发掘的全面配套工程与政策辅助。预计今年全球股市震荡性较大，但上涨趋势不变，幅度会有所收敛，国家和地区板块分化和差异加大，金融风险更集中新兴市场和欧洲市场。

综上所述，我国人民币论证的务实性不足已经影响其价格判断的准确性，尤其是欣赏人民币升值强于人民币贬值氛围值得警惕与反思。现阶段我国经济金融结构性调整更需要贬值货币趋势的保驾护航，并且需要精准服务于实体经济调整、转型、升值和创新的需要与需求。

后　记

感恩——事业扬帆收获之心

今天看到我近10年的金融研究成果终于编辑出版了，心情无比宽慰和感激。能够实现自己研究成果的编辑出书是我多年的想法，但疲于工作节奏、市场需求以及时间限制，我的愿望迟迟未能实现……最终知识产权出版社的领导和同志实现了我的夙愿，你们的辛勤工作、理解支持、高效敬业令我感动至极，特别是蔡虹等同志的努力工作更使我备受鼓舞，谢谢你们！同时也有我院工作人员王雪珩与潘靖宇的大力支持和帮助，他们为这套图书的出版做了许多收集和编辑工作，在此一并表示感谢！

这套图书集我30多年职业生涯的精华，我的自觉发现、刻苦发觉、深入研究、前瞻预见、与众不同的分析构成了我的个性，特点在于务实、高效、理性、远见，这更是我的研究标准。我的研究成果与预见前景最终被市场不断验证其准确性，并得到市场的认可、

谭/雅/玲/锐/评
人民币短期与长期升值应如何看待？

肯定和赞扬，"铿锵玫瑰""汇神"等美誉的流传给予我鼓励与支持。我认为一个人只要有自己的目标、有自己的兴趣、有自己的原则、有自己的方法，坚守、勤奋、努力、坚韧，就一定会有意想不到的收获与结果。正是基于这些标准和追求，我一直坚持不懈地努力至今。虽然我已年过半百，步入中老年的阶段，但对职业和事业的执着和追求并没有丝毫减退，反而由于个人经验、经历和阅历的丰富多彩而熟能生巧，这使我更加坚定、坚信和坚持自己事业的未来。轻而易举和轻车熟路使我感到欣慰，并是我未来继续努力的动力与潜力。我希望这套图书能够启发读者思考问题更加深入、判断未来更加透彻、分析角度更加全面、预期前景更加长远。我愿意为国家、为民族、为世界贡献绵薄之力。

我一生至今最想说的一句内心话和真心话就是感恩：感恩时代、感恩机遇、感恩朋友、感恩领导、感恩老师、感恩父母、感恩弟妹、感恩丈夫、感恩女儿……虽然我这套图书的专业性很强、透彻力很深、发觉性很透、观点性很锐、内容性很独、前瞻性很远、专业化很精、责任心很明、爱国性很真……而所有这一切——我的职业和人生经历的则是亲情、恩情和友情带来的福音、福气、福分、福喜……

后 记

感恩老师，也是领导——1985年我在经历戎马半生的军旅之后转业进入中国银行。对我而言，这是一个全新的职业、事业领域，仅凭一门外语工具优势的我开始了人生有意义的新职场拼搏——国际金融研究。中国银行这个鲜亮的国际品牌平台造就了我人生的转折机遇与转身舞台，客观环境给予我主观的促进、推进是我今天的成就感恩之最。然而使得我真正理解、进入乃至追求这一职业、事业和目标的是，我要永远记住与感恩的领导、导师和教授。那是1990年的某一天，身兼诸多行里公益角色的我，作为中国银行总行国际金融研究所的一名工作人员，拿着自己的研究报告走进当时任国际金融研究所所长的吴念鲁老师的办公室，请他签发"参考资料"，他语重心长的提示改变了我的职业和事业追求。他说："小谭，在研究所不能只有行政工作，干业务也很重要……"短短几句话却打动了我的心灵，经过一夜的思考，第二天我就找到当时的副所长麦国平，提出辞去工会主席职务，随即开始专心、静心、重心研究国际金融，对欧美市场到金融市场进行全面深入的研究。作为一个部队专科毕业的老青年，专业的枯燥、高端使我从烦躁与急躁到用心、入道的一点点变化、一步步提升、一点点积累、一步步努力，都得益于吴念鲁老师对我的鼓励和指导，

谭/雅/玲/锐/评
人民币短期与长期升值应如何看待？

在此我要衷心感谢我的领导和老师吴念鲁老先生！

感恩机遇，也是平台——随后我的机遇很好，尤其是1997年亚洲金融危机的爆发使我有了"凤毛麟角"的表现。记得当时央视二台的记者、如今是著名主持人的王小丫采访我时，我需要背记很多东西，并不能自由发挥，专业并不娴熟，面对镜头紧张忐忑，然而这种历练却沉淀了我的成长、刺激了我的奋斗、激发了我的斗志、促进了我的坚持。如今面对各种媒体的电话、电台、电视的采访，我都会熟能生巧并且观点坚定、认识问题透彻、语言梳理精准，进而得到大家的认可与赞扬。正是中国银行这个大平台，给予了我学习的条件、进步的基础、成长的环境以及成熟的空间。中国银行是我一辈子的恩人。

感恩朋友，也是支持——人生坎坷磨难一点不假，社会与单位的复杂关系谁都会经历。我作为非专科出身的半路"出家人"，面临的困难、挑战、嫉妒在所难免。但是好朋友、知心人、女闺蜜的体贴、支持、鼓励、帮助，我一辈子记在心间，历历在目的友情、同情、呵护令我终生难忘。这是我研究的勇气、底气和心气，正是这些友情使我坚持下来，一直不放弃。记得我最难的时候是一个人默默流泪，但总有一个人一直陪伴我、支持我、鼓励我、帮助我，这就是我中国

后 记

银行的闺蜜——金明,不是姐妹胜似姐妹的情谊是我一生的幸运。

感恩社会,也是信任——随着自己业务的逐渐娴熟,特别是主见性自我研究的结论与观点不仅受到政府的认可,更受到很多机构、企业、社会和百姓的认可。加之自己开朗、善谈、谦和、坦诚的个性,很多人都愿意与我接触、交流与探讨,用他们的话说我不像其他专家那样爱摆架子,不好接近,反而像大姐,好接近、易交流,这些进一步促进我研究的底气和基础,交往中的调研效果、实际考察的真实、深入了解的需求使我的研究更接地气、更务实。受尊重、受惠、受益的相互作用对我的成就起到很大的帮助和提升。感恩社会,人民群众、领导、企业家、投资者都是我的良师益友。

感恩父母,也是回报——小时候,我的家庭条件并不好,家里孩子多,父母的家庭负担很重,但父母的形象、言谈教育已经扎根我的心灵,不服输、讲原则、多努力、勤学习、讲孝道,我不仅爱我亲爱的爸爸妈妈,更念念不忘他们给予我的精神力量和解困支持,父亲点滴、细腻、有效的教育、辅导和促进是我成长的恩情,母亲体贴、爱护、劳苦扶持、帮助和保障是我成熟的恩情。而父母对家庭、对朋友、对同事、对

谭/雅/玲/锐/评
人民币短期与长期升值应如何看待？

社会、对工作、对亲情的关爱、包容以及大度更是我成长的榜样与楷模，全面发展、综合素质的提升使我业务进取、政治成熟、职业尽责、事业执着并深入我心、我情和我爱。父母恩情终身难报，这对天堂的父亲是一种最好的报答，对母亲一生的辛苦是最好的孝敬。同时感恩弟妹一直以来对我的支持帮助、关爱体贴、尊敬尊重，我们一同享受父母恩情，一同回报父母养育之恩。我爱我的父母，我爱我的妹妹弟弟，他们对我的爱、情、缘终身受益、难忘。

感恩我家，也是缘分——我的丈夫为我的事业牺牲很多，家务、家庭等繁琐的事务因我的事业被简化、被减少，但是他没有怨言，反而在我生病时格外呵护、照顾和牵挂。其实他的外语能力很好，比我强多了，但是他对我事业给予的支持、理解令我感恩一辈子。尤其是我家女儿更是我感恩的亲人。作为独生子女，她没有娇气女孩特征，相反，她像女汉子一样努力奋斗、拼搏事业，对妈妈的支持实在、担当、尽责、吃苦、尽孝，这是我人生唯一的骄傲。比起我的事业，女儿更是我重要的依托与依赖，她更是我的事业助手、伙伴、同行、同事。我爱我的家庭，一个尽职的丈夫、一个尽心的女儿，我爱他们，他们更爱我，感恩这份姻缘和缘分。

后 记

这些只是面对这套图书出版的感言，但对我个人的成长经历，尤其对一位职场女人的内心感慨非常之多，其中的辛酸、心血、苦涩、辛劳、困惑、迷茫、退缩、前行等一言难尽，但最终我扛过来了，我走过来了，我闯出来了，这种喜悦、收获、分享难以表达。未来是美好的，也是艰难的。新突破面临新挑战，未来我需要更大的坚守、坚持、勤奋，我愿意在仅有的岁月里继续奋斗、继续努力，为自己的选择画上的感叹号越来越大，激发、创造更美好的人生价值和做出更大的贡献！

谭雅玲
2018 年 5 月